めざせ1000万円！

20代からの貯金と投資の鉄則

横山光昭
Mitsuaki Yokoyama

小学館

はじめに

あなたは毎月、一定額の貯金をしていますか？
貯金をしているとしたら、いつまでにいくら貯《た》めたいですか？
あなたは投資をしていますか？
投資をしていないとしたら、投資を怖いものだと思っていませんか？

最初に質問をしたのは、この本を手に取ってくださっている方の中には、貯金をしていない人がいるのではないか、また、貯金の目標額が決まっていない方や、投資を怖いものと考えている人も多いのではないかと思ったからです。

もし、あなたがそうだったとしても、安心してください。

この本は、そんな貯金や投資の初心者さんのためのものです。

具体的には、若いビジネスパーソンの方で、貯金や投資についての知識があまりない方に読んでいただきたくてつくりました。

こんにちは。**横山光昭と申します。**ファイナンシャル・プランナー（ＦＰ）という仕事をしています。人びとに家計のアドバイスをするのが、主な内容です。

私が経営するマイエフピーという会社では、これまでに1万人以上の人びととの家計を再生してきました。おかげさまで、「最も支持されているＦＰ」とまで言っていただけるようになり、仕事も順調です。

しかし、**以前の私は**会社の経営どころか、**貯金とは無縁の生活でした**。30歳でＦＰとして独立してからも、飲み代などでお金をたくさん使ってしまい、クレジットカードで１００万円もの借金をつくる始末です。

献身的な妻のおかげでなんとかやり直すことができたものの、**若いころはずいぶんとお金の面で失敗をしてきました**。私は今40代ですが、早くからお金への意識を高めていれば、金銭面での苦労もしなかったでしょうし、また違った20代、30代だったと思います。

今回、このような反省を踏まえて、20代のビジネスパーソン向けの本を出そうと思いつきました。

私の昔の姿を反面教師にして、**みなさんが着実にお金を得られる方法を、具体的にアドバイスしていきたいと思います**。こんな私でもお金を貯めて増やせるようになったのですから、みなさんにもきっとできます。

テーマはズバリ、「若手社員が、社会人10年で1000万円の資産をつくる方法」です。これを伝授いたします。


みなさんからしたら、1000万円という金額は、宝くじに当たるような現実味のない話に感じるかもしれません。しかし、これは極めて現実的な話です。23歳で会社に就職した人が、貯金と投資を通して、33歳で1000万円の資産をつくることは十分に可能です。

そして、想像してみてください。**もしあなたの手もとに1000万円のキャッシュがあったら、人生の自由度が上がると思いませんか?**

働いている会社にそのまま勤めながら、この1000万円をさらに運用して大きな資産をつくることもできる。あるいは、この1000万円をもとに独立して起業に挑戦することもできるでしょう。

もしくは、好きな人と結婚してマンションの頭金として1000万円を払い、その後は余裕を持って返済プランを組むことも可能です。仮に現在勤めている会社がイヤになったり、もう一度仕事をリセットしたりする場合でも、独身で1000万円あれば4年は暮らせるでしょう。

1000万円あれば、いろいろな戦略が考えられます。

つまり、**手もとにお金があるということは、人生の選択肢が広がるということです**。

貯金や投資と言っても、難しい話は一切いたしません。ためしにこの本をペラペラとめくってみてください。どのページも、ごく簡単に説明していると感じてもらえるはずです。

また、本書では貯金と投資の話をあえて織り交ぜながら、簡単で必要なものから順に紹介するようにしています。

そして、**「若いビジネスパーソンが10年で1000万円の資産をつくるには、とりあえずこの本を読んでおけばOK」**と言えるものにしたつもりです。

同時に、最新の情報を入れてありますので、若い方だけでなく、広く貯金や投資に関心のある方々にとっても参考になると思います。

また、ボーナスが出るような一般の会社員や公務員の方をイメージしてつくりましたが、それ以外の方のお役にも立てると思います。

今まで1万人以上の方たちと、お金について語ってきました。

その結果、お金を貯められる人には共通点があることが分かりました。

それは、好奇心が強くてフットワークが軽いということです。

気軽にためしてみることが大切です。**1000万円をめざすために、40個の鉄則を用意しました。**

さあ、できるところから始めてみませんか？

めざせ１０００万円！

20代からの貯金と投資の鉄則

目次

目次

ステップ2 貯金体質になるための鉄則10……63

ステップ3
貯金を加速させる鉄則10 ……107

ステップ4
投資を始めるときの鉄則10 ……149

ステップ 1

貯金と投資の準備に必要な鉄則10

鉄則 1

徐々に貯金体質になる

お金を貯《た》められる性質のことを、「貯金体質」と呼んでいます。

もちろん、全員が最初から貯金体質であるわけではありません。人によって、かなりのバラツキがあります。子どものころからお年玉を貯めるのが当たり前という方から、学生時代の月々のバイト代は全額使い切っていたという人まで、さまざまです。

まずここで、とくに**「自分はお金を貯められない」と思っている人に知ってほしい大事な原則**があります。


それは、徐々に貯めるのが大切だということ。


今まで貯金などしたことのない人が、気合を入れて「よしお金を貯めよう」となると、いきなり大きなことをやり出します。

収支を細かく分析して数値をたくさん書き込んで家計簿をつけようとする。節約や投資の本を何冊も買ってきて情報を集めて勉強する。しかし、あまり重たく考えると、長続きしません。結局、そういう人は貯金ができないで終わることが多いのです。

お金を貯めるというのは長期戦です。打ち上げ花火のようにドーンと盛り上がって、パッと一瞬で終わるようでは、効果が出ません。

いきなり高い山の頂《いただき》に挑むのではなく、**小さくて低い階段を少しずつ上がっていくようなイメージで、始めていきましょう**。できることから進めていき、自分の足元を手堅く固めていってください。

自分は今まで貯金なんかしたことないから、絶対に無理だろうなと思っている人が、小さなステップを踏み続けることによって、いつのまにか高い山を登っていることに気づく。つまり知らず知らずのうちに貯金体質になっているというのが成功のパターンです。

気軽に始めた小さな変化を積み重ねることで、お金が貯まっていきます。今までまったくお金が手もとに残らなかったのに、貯金額にも少しずつ変化が出てくるのです。

「私でもお金を貯められる」という達成感が、さらにやる気をかき立てます。

本書は、一度読んだらそれで終わりで、そのまま本棚に置いておくという類《たぐい》の本ではありません。いつもあなたの近くに置いて、何度でも読み返してください。いわば、「お金の参考書」として使っていただければうれしいです。

まず一気に最後まで読んでみてください。おそらく、すぐに読めます。次に、鉄則のひとつひとつを着実に実践していってください。徐々に効果が出てきます。

なお、この本では投資についても述べますが、まずは貯金が大切だということを覚えておいてください。

ポイント

小さく始めて、自分の変化を実感する。

鉄則 2

今月の給料の使い道を紙に書き出す

紙を1枚、用意してください。何でも構いません。そこに、**今月の給料の使い道を書き出してください。**先月の給料の使い道を、思い出しながら書くのではありません（というより貯金をしていない人のほとんどは、そもそも家計簿をつけていないので、先月の給料の使い道をおそらく把握していないでしょう）。

自分が今月の給料をこれからどのように使うのか、予測しながらその使い道を書き出してみてください。

コツは、「たぶんこんな感じでお金を使うだろうな」という大まかな感覚で書くこと。

ざっくりで構いません。家賃がいくら、光熱費（電気・ガス）や水道代（2か月に1回支払う水道代は半額にして記入します）がいくら、食費がいくら、スマホ代がいくら、生活雑費がいくら、交際費がいくら。そして、手もとに残るお金、つまり貯金はいくら。想像しながら、ざっと書き出してみましょう。そしてその紙を、月末までどこかに置いておくか、貼っておいてください。

さて、月末になりました。そうしたらまた1枚、紙を用意してください。今度は、そこに今月の給料の実際の使い道を書き出します。

家賃がいくら、光熱費や水道代がいくら、スマホ代がいくら。これらは毎月の金額がほぼ一定のことが多いので、支払った金額をそのまま書けばいいでしょう。

食費や生活雑費、交際費といったものが問題になりがちです。

何に、いくら使ったのかが分からない。でも、お金は確かになくなっているので何かには使っている。そして使い道を予測して書き出したときには、2万円くらいのお金が貯金にまわせると思っていたのに、実際に手もとに残った金額はゼロ。こんなことが起きているかもしれません。

それでも悲観する必要はありません。ここでは、予測で書いた金額と、実際に生活をしてみた金額を比べることが大切なのです。

これをやることによって、次のふたつのことが分かると思います。

- **予測と実際のズレ**
- **使い道の分からないお金の存在**

給料の使い道予測と実際とを比べることで、自分が思っている以上にお金を使っているのだということを認識しましょう。

そして、使い道がよく分からないけれども、何かに使っているというお金の存在を認識すること。**このふたつを知ることが、まずは大切です。**

ポイント
実際のお金の使い道をざっくりとつかむ。

鉄則
3

10年後に何をしたいのか考える

すでに触れたように、この本のテーマは、貯金と投資を通して、若いビジネスパーソンのみなさんが10年で1000万円をつくれるようにすることです。

そのために、**ぜひやってもらいたいことがあります**。

目標を持つこと。

今から10年後、30代になったときに、あなたは何をしていたいですか。これがはっきりと思い浮かべば、10年で1000万円をつくる理由も明確になります。

独立開業する。海外に移住する。早めに自宅を建てる。今の会社に満足しているので仕事はそのまま続けて、趣味を今より楽しむ。

何でもいいのです。でも何かを決めてください。30代でどうなっていたいか、何をしたいか。方向性だけでも構わないので決めましょう。

なぜこんなことを言うのかというと、**目標を持っている人のほうが、圧倒的に貯金**

に成功しているからです。1万人以上の人たちと話をしてきて、強く実感しています。

私のところに相談に来てくれた青年の話です。この人は旅行が趣味で、海外旅行に行くためにお金を貯めたいという明確な目標を持っていました。

3か月後にグアムに行きたいという目標を立てて、お金を貯めました。その次はオーストラリアに行きたいという目標を立てて、お金を貯める。その次はアメリカへ。次はヨーロッパ周遊旅行へ。その繰り返しで、どんどん旅行と貯金のスケールが大きくなっていきましたが、目標金額をきちんと貯めて旅行はすべて実現させました。

この人の素晴らしいところは、貯金が楽しみになっていたところです。苦しい顔をして「頑張って節約しています」という感じではありません。**貯金が楽しいので、ずっと続く**のです。投資も始めましたが、無理やり勉強しているという感じではなく、効率よくお金を増やす方法を積極的に取り入れたいという気持ちから、楽しんでやっています。このように目標を持った人が成功しやすいのです。

しかし、そうは言っても目標を持つというのは難しいことです。20代の若いうちから人生の方向性を明確にしている人は、多くありません。むしろほとんどの人は、学校を出てたまたま就職試験に受かった会社に入って現在にいたる、という感じでしょう。**もし目標が見つからない場合は、とりあえずこういうものでも構いません。**

10年で1000万円をつくること自体を目標にする。

今から10年あれば、何かやりたいことが出てくるでしょう。そのときの資金として、1000万円準備することを目標にすればいいわけです。**お金は邪魔になりませんし、あれば強い味方になります。**

ポイント

目標を持っている人は、どんどん上昇気流に乗って貯金がうまくなる。

鉄則

4

電子マネーで買い物をしない

貯金体質になるために、まずできるところから始めていきましょう。

あることを習慣化するためには、まずはとても小さなことから始めるのが大切です。例えば1日に腕立て伏せを50回やるという目標を立てたとしたら、最初は1回だけやって、2日目に2回、3日目に3回と、無理のない範囲で徐々に回数を増やしていくのがよいのです。貯金もこれと一緒です。

貯金をするための**最初のステップとして、電車やコンビニなどで使える電子マネーで買い物をしない**ようにしてください。

電子マネーは現金を出さなくても買い物ができるのでとても便利です。とくにレジが混んでいるときなどは、後ろの人への配慮もあって、支払いを手早くすませたくなります。またおつりを小銭でもらいたくない人もいるでしょう。

便利であることは重々承知しています。便利であるからこそ、つい使ってしまうのです。だからそれを使うのを、とりあえずやめてください。

電子マネーは、駅やコンビニなどで3000円や5000円といった現金をいったん入れてしまえば、あとはそのまま財布の代わりとして使えます。実際に財布から現金を取り出して支払いをしていないので、**つい余計なものを買ってしまいがち**です。

買い物をするたびに、財布からお金が消えていってしまうという負の経験をしない。これは、自分を貯金体質にする上で、明らかに逆効果です。

買い物自体は楽しい経験ですが、財布からお金が消えていくのはつらい経験です。買い物という楽しい経験をするときには、お金を支払うというつらい経験を、必ず同時に行ってください。

楽しいこととつらいことをセットで経験することで、あなたの貯金体質は徐々に強化されていきます。

それでも、「電子マネーは便利だから、使わないなんて……」という方もいらっしゃるでしょう。そういう方に私からの提案です。しばらくの間、電子マネーを財布やカバンに入れずに、家に置いておくのはどうでしょうか。そうすれば、使いようがありません。

しかし、通勤のための定期券と電子マネーが一緒になったタイプのカード（Suica《スイカ》、PASMO《パスモ》のようなカード）を持っている人もいるでしょうし、営業職の方は電車で移動するたびに電子マネーが必要になるでしょう。そういう場合は、交通手段のみに電子マネーを使うというのでもよいと思います。

電子マネーをずっと使わないということでは、ありません。とりあえず、自分自身が貯金体質になったと実感できるまで、使用を控えておきましょう。

ポイント▶ 買い物は現金で支払い、お金の減り方を実感しよう。

鉄則

5

必ずレシートをもらう

今月の給料の使い道を予測します。また、月末には実際に使った金額を書き出します。それらを比較することによって、予測と実際のズレを認識することが大切だと、鉄則2で述べました。そして、月末に給料の使い道を書き出してみると、おそらく、使い道のわからないお金があることも指摘しました。

要するに、**自分の給料の使い道をきちんと把握することが大切**なのです。そして貯金体質になるための次のアクションはこれです。

必ずレシートをもらってください。

私は買い物をしているときに、レジの前に並んでいると、びっくりすることがあります。多くの人がレシートをもらっていないからです。レシートが出てくるレジの口のところに、白い紙が丸まっていることがよくあります。

なぜレシートをもらわないのでしょう。レシートをもらわないで、どうやって自分の使ったお金を把握するのだろうかと不思議になります。

とりあえずレシートをもらうだけでいいのです。もらったレシートの活用の仕方は、ステップ2で説明します。それまでは、もらったレシートを何かの箱に入れておいてください。

注意したいのは、**買い物をしてもレシートが出ない場合**です。その場合は、**自分で手書きのレシートをつくっておいて、それも箱の中に入れておいてください**。

自動販売機でお茶を買ったらレシートは出てきませんし、飲み会でお金を割り勘で払ったときは、レシートがありません。そのときは、メモ用紙に日にちと金額と何に使ったのかを書いておきます。金額や使った内容はざっくりで構いません。

「○月×日　課の飲み会　3000円」こんな感じのメモで十分です。

お店のレシートや自作レシートを箱の中に入れておくだけで、あなたのお金に対する感度は高まっていきます。ああ、こんなに使っているのだなと、徐々に気になり出します。

なお、持って帰ってきたレシートは、財布の中に入れっ放しにせず、帰宅したら必ず箱の中に入れてください。財布がレシートで膨れ上がっているのは、気持ちのよいものではありません。また、毎日レシートを箱に入れることが、あなたにお金についての気づきを与えてくれます。

ポイント

今日からレシートをもらう。何度も受け取るうちに、毎回もらわないと気になるようになる。

鉄則
6

ブランドデビットカードをつくる

貯金をしていこうと思うなら、**買い物は現金で支払うのが鉄則**です。**クレジットカードは使わないでください。**

私のところにお金の相談でやってくる方の中には、借金を抱えている人もいます。借金の大きな理由のひとつに、クレジットカードを安易に使って買い物をしていることが挙げられます。「はじめに」でも書いたように、私も経験者です。

1回払いならクレジットカードを使ってもいいだろうと思うかもしれませんが、支払いが先になるということは、そのあいだは借金をしているのと同じだと考えるべきです。複数回の支払いにすれば、これはもうローンを組んで買い物をしているのと一緒です。複数回の支払いで買い物し、それが何件も重なると、月末の支払時には自分が想像もしていないような金額になることもあります。

また、クレジットカードの支払い機能には、**リボ払い（リボルビング払い）という**

ものがあります。これは絶対に使ってはいけません。

リボ払いとは、月ごとに請求される金額を一定額に保つようにした支払い方法です。要はこれも借金であり、利息を払わねばなりません。月々の請求額が一定である分、まとめて支払うよりも支払わなければならない期間が長期化します。支払いが長期化すればするほど、もとの買い物の金額に加えて、利息も多く払うことになります。リボ払いには絶対に手を出してはいけません。

毎月入ってくる給料の範囲で生活すること。何にいくら使ったのかを月単位で把握しておくこと。これが貯金体質になる基本です。

すでに触れたように、買い物は現金でするのが鉄則です。現金で買い物をすれば、月末にクレジットカードの請求書が来ることもなく、何にいくら使ったのか分からなくなることも防げます。

ただ、大きな買い物をするときに現金を持ち歩きたくないということもあるでしょう。例えば、家電製品を買いに行く際に15万円を財布に入れて、お店に行くのは少し心配かもしれません。落としたり、すられたりすることがあるかもしれません。

そういうときのために、**クレジットカードブランドがついたデビットカード（ブランドデビットカード）をつくるとよい**でしょう（ブランドデビットカードの他に、Ｊデビットがあります。Ｊデビットは国内での使用に限られ、基本的にインターネットでの支払いには利用できません）。

クレジットカードと言葉の響きが似ていますし、どちらもお店で買い物をしたときに、支払い用として使えるカードですが、両者はまったく別のものです。

クレジットカードとの違いは、ブランドデビットカードはお店でカードを使った瞬間に、買い物した金額分が、あなたの銀行の口座から引き落とされるところです。

つまり、**これは現金で買い物をしているのと同じ**ことです。

ブランドデビットカードは、銀行でつくることができます。給料が振り込まれる口座のある銀行で、ブランドデビットカードをつくるといいでしょう。仮にあなたの給料が三井住友銀行の普通口座に振り込まれているのであれば、三井住友銀行のブランドデビットカードをつくるという意味です。

すでに給料が振り込まれる普通口座を持っているでしょうから、その銀行の窓口や、インターネットサイト等で申し込むと、1～2週間ほどで届きます。

ポイントを貯めるためにクレジットカードを使っている人もいます。ポイントの還元率は少し落ちるものの、**ブランドデビットカードでもポイントを貯めることができます**。

また、アマゾンや楽天のようなインターネットショッピングにもブランドデビットカードは使えます。ＶＩＳＡがついていれば、世界中のＶＩＳＡ加盟店でも使え、Ｊ

ＣＢがついていれば、ＪＣＢ加盟店で使えるので、**海外旅行での買い物にも利用できます。**

大きな額の現金を持ち歩かなくても、高額な買い物や、海外での買い物ができます。もうクレジットカードは必要ありません。ブランドデビットカードをつくりましょう。買い物をした瞬間に、銀行口座からお金が引き落とされるので、ブランドデビットカードは使い過ぎの防止にも役立ちます。常に自分の口座に入っている金額を意識して買い物をするようになるからです。これは財布に現金がいくら入っているのかと、確認しながら買い物をするのと同じことです。

ブランドデビットカードは、何にいくら使ったのかを月単位で正確に把握でき、かつ、お金の使い過ぎも防げる便利なツールなのです。

ポイント▼

給与振込口座と連動させて、ブランドデビットカードを賢く使う。

鉄則
7

利回りとは何かを知る

本書では、貯金と投資の両方を織り交ぜながら、話を進めていきます。ここから少し、投資についての話にも触れていきましょう。

毎月の給料を全部使うのではなく、ある程度を残しておきます。残したお金を銀行にそのまま預けておけば、利息（利子）がつきますよね。これが貯金の基本です。しかし、2018年4月現在、その**利息がものすごく安い**のです。**金利が低いから**です。金利とは、お金を預けたり、借りたりするときに発生する利率（利息の割合）のことです。こんな数字です（数字は目安です）。

普通預金　年0・001%
定期預金　年0・01%（1年間の定期の場合）※いずれも税引前の利率

定期預金は銀行や郵便局などの金融機関によって、またその種類によって若干の違いはあるものの、2018年4月現在、だいたいこのような数字です。

仮に１００万円を銀行の普通預金口座に１年間預けたとしたら、もらえる利息は、たったの10円です。定期預金の口座なら１００円です（いずれも税引き前）。

ただし、普通預金や定期預金にもメリットがあります。それは、元本《がんぽん》と利息が確実に保証される、つまり戻ってくるということです（銀行が破綻した場合、ひとつの銀行に１０００万円より多く貯金していると、１０００万円を超えた金額は保証されないという例外があります）。

一方、お金の増やし方には、貯金とは別に投資というやり方があります。

こちらはリスクをとって資産を増やそうとする方法です。貯金よりもお金を増やせるかもしれないけれども、利益が出なかったり、損失が出たりするおそれがあります。

この本では低い金額から少しずつ、リスクをおさえた投資方法で投資することを説明していきますから、まずは怖がらずに読み進めてください。なお、本書では、投資信託という金融商品を買ってお金を増やすことをめざします。

では投資信託とは何かと言うと、広く一般の投資家から比較的少額のお金を集めて、ひとつの大きな資金としてまとめ、運用の専門家が国内外の債券や株式などに投資し、その運用成果が投資家それぞれの投資額に応じて分配される仕組みの金融商品です。

投資信託については、ステップ4で説明しますので、ここでは詳細まで分からなくても大丈夫です。

この項で知っておいていただきたいのは、投資信託を購入して1年で得られるであろうと期待できる利益が銀行に預けるよりも大きいということです。

銀行の金利と比較してみましょう。

投資の場合、「利回り」という言葉を使います。1年間の運用で得られた利益を投資したお金（元本と言います）で割ったものです。

本書が目指す投資信託の利回り　年5％（税引き前）

つまり、100万円を投資して投資信託を購入した場合、1年間で5万円増えて105万円になることが期待できるということです（後述しますが、投資信託には、信託報酬などの費用がかかります。ここではこれらの費用を含めていません）。

利回りという言葉は、預金の場合にも使えます。次の鉄則8でも用います。

普通預金に100万円預けた場合、10円の利息がつきます（税引き前。次の金利も同じ）。

利息を元金で割った金利、年0．001％が普通預金の利回りとなります。

本書が目指す投資信託の利回りとはだいぶ差があります。

同じ100万円があったとしても、元本と利息が保証される**預金を選ぶか**、リスクが存在するけれども大きく増やせる可能性がある**投資信託を選ぶかという選択肢があること**を知っておいてください。

後ほど、預金のみで貯めるプランや、投資信託のみで増やしていく計画、預金と投資信託を合わせたプランをそれぞれご紹介します。

繰り返しになりますが、**投資信託の利回りは確定したものではありません。**

利回り5％といっても、必ず1年間に利益が5％増えるということではありません。

投資信託という商品は、値段が下がって利益が得られないことや、元本を割ってしまい損失を出す可能性もあります。

あくまで5％の割合で利益が増えることが「期待できる」という解釈をする必要があります。

また、なぜ利回りが5％の割合で増えることが期待できるのかについては、ステップ4の鉄則35で説明いたします。

ポイント

元本や利息が保証される「預金」という選択肢と、リスクはあるがお金が大きく増やせる可能性がある「投資」という選択肢がある。

鉄則
8

単利と複利の違いを学ぶ

今度は利回りの計算の基礎になる**金利には、ふたつの種類があることも知っておきましょう。単利と複利です**。


単利とは、当初の元本のみを基準に利息が計算されるもの。

複利とは、利息が元本に組み込まれて、その利息がさらに利息を生んでいくもの。


具体的な数字を使って、まずは単利を見てみましょう。いずれも税引前の数字です。

１００万円があって、利回り５％だと1年で１０５万円になります。５万円が1年間で増えた利息です。

次の年も１００万円に対して利回り５％でお金が増えるので、５万円が手に入ります。これを10年間続けると、利息の合計は以下のようになります。

5万円×10年間＝50万円
単利の場合、10年間で50万円の利息を得ることができます。

次に複利の場合です。１００万円があって、利回り５％で運用すると1年で１０５

万円になります。5万円が1年間で増えた利息です。ここまでは単利と同じです。

ところが、複利は次の年からの動き方が違います。1年後に105万円になったら、今度は、105万円に対して利回り5％で計算します。すると2年後には、105万円に対しての5％ですから、利息は5万2500円となります。そして3年後は、1年後に得られた利息5万円＋2年後に得られた利息5万2500円を足して、合計110万2500円に対して利回り5％で計算します。そうすると3年後に得られる利息は5万5125円になり、3年間での合計は115万7625円になります。

つまり**単利は、元本のみに対して利息を計算していく方法**です。この場合で言えば、100万円に対してのみ利息がつきます。

複利は、元本が生んだ利息に対しても利息がつく計算方法。複利で10年間の利息を積み上げていくと、お金の合計は、なんと162万8894円になります。**複利の場合の利息は約63万円になるわけです。**

最初にあった100万円が、単利だと10年で150万円になり、複利だと10年で約163万円になります。同じ100万円でスタートしても、**10年後の利息は約13万円**

も違うのです。

単利預金の商品には「スーパー定期」（期間3年未満のとき）などがあり、複利の商品には、「期日指定定期」などがあります。

ただし、5％といった高利回りの預金商品は、現在の日本にはありません。詳しい説明はステップ4で行いますが、5％の利回りをめざすなら投資信託という選択肢があります。私がお勧めする投資信託は、「再投資型」と呼ばれる、運用益を投資元本に組み込んでいくもので、複利型の商品です。

もちろん、確実に5％の運用益が出せるとはかぎりませんし、元本割れして損が出るおそれもありますので、ご自身で判断しなくてはなりませんが、私は後で紹介する方法で投資信託に投資すれば、長期的には5％の運用益を期待できると考えています。

投資信託を含めた複利型の金融商品については次のようなことが言えます。

複利型の金融商品は、一定期間そのままにしておき、複利の効果でお金を増やすもの。

ポイント

単利よりも複利のほうが、お金は増えやすい。

鉄則
9

投資は少しずつ長期間行う

前の項までの説明で、以下のことが分かったと思います。

お金は、単利より複利のほうが、より増えやすいということ。

そして、**複利の効果を発揮させてお金を大きく増やすには、長い期間にわたってそのまま持っているのがよい**ということ。**5％の利回りを望むなら、リスクはあるものの、投資信託という選択肢がある**こと。

ここで、さらに重要な点をお伝えします。

投資信託は毎月少しずつ買い足していき、長期間持つべきもの。

投資信託などの金融商品を毎月少しずつ買い足していくことを、積立投資と言います。投資信託は年に5％の利回りが期待できると説明しました。しかしこれは、先にも触れたようにあくまで「期待できる」ということであり、「絶対にそうなる」ということではありません。投資信託は、値段が下がる可能性もあります。

値段（基準価額と言います）は上がればうれしいものですが、下がれば焦ります。１００万円で買ったものが、95万円になればイヤになります。90万円になれば怖くなってくるかもしれません。そしてこれ以上の損をしたくないと思って、１００万円で買ったものを90万円で売ってしまうこともあるでしょう。

投資信託を買って、10万円を損した人は、「やっぱり投資はダメだ。ただのばくちじゃないか」という気持ちになってしまうかもしれません。

しかし、これは「投資はそういうもの」ということではなく、投資信託の買い方と持ち方がよくないのです。**よい買い方は、一定の間隔（例えば毎月）で、定額で買い足していく方法**です。

ある投資信託の価格（基準価額）が１万円だとします。毎月１万円ずつ買っていき、積み立てながら、複利で運用します。価格が仮に５０００円に下がったときも、１万円で買い足していくと、今まで１万円で１つ買えたものが、２つ買えることになるので、いつもの２倍買えることになります。価格が再び１万円に戻ったときには、５０

00円で買った投資信託は、大きな利益を生みます。

投資信託の価格が1万円のときも5000円のときも、一定して毎月1万円分を投資していれば、**平均購入価格を下げられますし、投資するタイミングを外すリスクも避けられる**ということです。

そしてこれを**長期間続けること**です。投資信託の価格は、短期間で見ると、変動の幅が大きく振れることがありますが、**長期間投資することで変動の幅がならされます**(これを「ドルコスト平均法」と言います)。

結局のところ、**投資信託は、これから先に長い時間がある人、つまり若い人のほうが断然有利**なのです。投資信託を毎月一定額で買い足していき、長期間保有すると、リスクの度合いは低くなる一方で、利益の増える可能性が高くなります。

時間を味方に付けて、長期で自分のお金を増やすのに適した金融商品、それが投資信託です。

ポイント▼　短期の上がり下がりは気にしないこと。長期でお金を増やす。

鉄則
10

10年で1000万円をめざす流れをつかむ

毎月5万円+ボーナス時20万円（×2回）を貯金した場合			
期間	3年	5年	10年
貯金額	300万円	500万円	1000万円

表1　普通預金（金利0.001％）に預けた場合（千の位で四捨五入）。

ステップ1の締めくくりとして、20代のみなさんが貯金と投資によって、**10年で1000万円をつくるまでの大まかな流れをイメージしておきましょう。**

1000万円という大金が、本当に若いうちに貯まるのだろうかと思う人もいるでしょう。上の表1を見てください。月々一定額の給料が出て、ボーナス支給のある方が1000万円貯める一例です。

まず、毎月の給料から5万円を貯金します。そしてボーナスが出たら、そこから20万円を貯金します。ボーナスは6月と12月の年に2回出るのが一般的ですので、20万円×2回で40万円とします。

これを合計すると1年間に100万円の貯金ができます。3年で300万円、5年で500万円、10年で1000万円。当たり前の話です。

この数字で表をつくり、それを基本にして、展開を考えてみましょう。

毎月5万円+ボーナス時10万円(×2回)を積み立て投資した場合			
期間	3年	5年	10年
投資額	240万円	400万円	800万円
利回り5%	258万円	453万円	1031万円

表2　※複利で計算。税引き前。信託報酬等含めず。
千の位で四捨五入（以下同じ）。

毎月の貯金は5万円。しかしボーナスではいろいろと買いたいものがあるので、1回に20万円も出すのは難しい。

そういう場合は、1回のボーナス時の貯金を減らしてみましょう。当然、貯金の総額が足りなくなるので、そこに投資信託の運用を取り入れてみます。表2を見てください。

毎月の積み立て額は5万円で、1回のボーナスを例えば10万円（2回で20万円）におさえると、1年間の積み立て額は80万円。3年で240万円。5年で400万円。10年で800万円。自営業のようにボーナスのない方は、毎月の積み立て額を6万7000円ほどにできると同じように運用していけます。

これらの金額を1年目から投資信託の購入にあてて、長期的な積立投信の平均的利回りに近い、利回り5％での運用をめざします。利回り5％で運用できたとしたら、3年で240万円が25

毎月3.2万円+ボーナス時20万円（×2回）を積み立て投資した場合			
期間	3年	5年	10年
投資額	235万円	392万円	784万円
利回り5%	252万円	443万円	1007万円

表3

8万円に。5年で400万円が453万円に。10年で800万円が1031万円になっていきます。

つまり、貯金だけで1000万円をめざさなくても、貯金したものを投資にまわすことでも1000万円をめざせます。

さらに応用を考えてみましょう。

毎月の給料から5万円を出すのは困難な場合です。ボーナスのときに大きく積み立てをします。こういう場合には、毎月の給料から出すお金を3万2000円にして、ボーナスのときに20万円を工面するとします（ボーナスを含めない場合、毎月6万5000円積み立てると、ほぼ同じ結果になります）。

それを運用することで、合計で1000万円をめざすこともできます（表3）。

毎月の金額を3万2000円に下げることで、10年間の投資額

毎月5万円+ボーナス時20万円（×2回）を積み立て投資した場合			
期間	3年	5年	10年
投資額	300万円	500万円	1000万円
利回り5%	322万円	565万円	1286万円

表4

の合計は784万円と最も少ないパターンになります。しかし、これを利回り5％で運用できたとしたら、1000万円を超える金額にすることができます。

長期にわたって複利で積み立て投資をする効果をあらためて感じます。

最後に最強のパターンも見てみましょう。毎月5万円を積み立てて、さらにボーナス時には20万円を出して、その合計を利回り5％で10年間運用できたらどうなるでしょう。ボーナスを含めない場合は毎月8万3000円の積み立てで、同じ結果になります。表4をご覧ください。

10年で1286万円、約1300万円になりますね。

つまり、こういうことが言えます。

毎月の給料から、まず3万円から5万円のあいだでお金を工面します。また、毎回のボーナス時には、10万円から20万円を捻出《ねんしゅつ》することにします（ボーナスを含めない場合は、月々6万5000円から8万3000円となります）。

これらをうまく組み合わせて、投資信託を積み立てで購入し利回り5％で運用できれば、10年で1000万円もしくはそれ以上のお金をつくることができます。

しかし、この話には弱い点があります。

それは、積み立て投資する金額が大きいので毎月の給料から貯めたお金を、すべて投資にまわすことになること。いくら長期間にわたって毎月コツコツと投資すればリスクが低くなるといっても、さすがに貯金をせずにすべてを投資にまわすというのは心理的なハードルが高いかもしれません。

また、仮に手持ち資金の全額を投資にまわしたら、急に現金が必要になったときに対応が取りにくくなります。投資信託に投資したお金は、解約して現金にすることも可能ではあります。ですが、それでは、価格が下がったときに売ることになるかもしれず、損をする可能性もあるので、長期で投資する意味がなくなります。

やはり、貯蓄をしたお金のうち一定の割合を投資にまわし、貯蓄と投資を併用していくことがお勧めです。そのような現実的な貯蓄と投資の組み合わせは、ステップ4の鉄則39で説明します。

ここでは10年で1000万円をつくる大まかな流れをイメージしてもらえればと思います。

1000万円をつくるために必要な、毎月の積み立て額の3万円から5万円を捻出するにはどうすればいいのか、次のステップで考えていきましょう。

ポイント

毎月3万円から5万円。ボーナス時には10万円から20万円。これらのお金を捻出できれば、「10年で1000万円」をめざせる。

ステップ 2

貯金体質になるための鉄則10

鉄則

11

家計ノートをつけることを習慣にする

毎月の給料からどうやってお金を捻出《ねんしゅつ》していけばいいのかを、具体的に見ていきましょう。そのためにまず、**大学ノートを1冊用意してください**。

今後は、**これにお金の使い道を記録していきます**。いわゆる家計簿みたいなものです。この本では、家計簿ではなく「家計ノート」と呼ぶことにします。

なぜ家計ノートと呼ぶのかというと、家計簿と言ってしまうと、細かい数字の羅列をイメージしてしまい、それだけでやる気がなくなることが多いからです。

とくに今までお金の使い道を記録したことのない人には、経費の項目がたくさん並んでいる本格的な家計簿をつけるのは、大きな負担になります（もちろん、本格的な家計簿のほうが好きだという人は、それを使っていただいて構いません）。

まずは1冊のノートを用意して、気軽に始めましょう。

箱の中にレシートが入っているはずですね（鉄則5）。それを持ってきてください。**レシートを日付順に並べて、何月何日には何を買ったのか、それはいくらだったのかをノートに書いてください。**

まずは、**いつ・何を・いくらで買ったのかが分かれば十分です**。このような感じです。

○月×日
・朝食　コンビニのサンドイッチとお茶　400円
・昼食　社員食堂の定食　620円
・会社自販機　缶コーヒー　120円
・晩ごはん兼飲み会　3000円
・帰宅中　コンビニで缶ビール2缶　580円

今後、箱に入っているレシートを、ときどき家計ノートに書き写していってください。

小さな一歩ですが、家計を把握するための重要なステップになります。

例えば洋服を買いに週末にデパートに出かけたときは、買い物の内容（どのような商品をいくらで購入したのか）をよく覚えています。ところが、日々の生活で何をいくらで買ったのかということは、ほとんど記憶に残りません。

普段の何気ない生活で、どのくらいのお金を使っているのかを知ることが大切なのです。

ポイント

主婦がつける重量級の家計簿でなくていい。気軽に家計ノートをつける。

鉄則
12

特売品を買わない、まとめ買いをしない

家計ノートをつけていると、「いろいろな菓子を買っている」とか、「余計な飲み会が多い」などと思うようになるかもしれません。

お金の使い方が徐々に気になり出したら、それはあなたが確実に貯金体質になっていっている証拠です。

余計な買い物をしないようにするためには、必要ではない特売品を買わない、使い切れないほどのまとめ買いをしないことが大切です。

どんなに安くても、必要でなければ買うべきではありません。特売品だからとか、まとめて買ったほうが安いからといって、必要でないものを購入したり、必要以上の数を買ったりしてはいけません。これは洋服、食料品、生活雑貨などの身の回りのものから、家具、家電といった大型のものまで、すべてに当てはまる鉄則です。

ポイント

「安いから」を、買う理由にしてはいけない。

鉄則
13

必要なものと欲しいものを区別する

次に知っておきたいのは、必要なものと欲しいものを区別するということです。必要なものとは、文字通り、生活をする上でなくてはならないもの。欲しいものとは、生活する上で絶対に必要とは言えないけれども、買いたいと思うものを指します。買い物をするときに、まずこのふたつの違いを意識し、次のように分けましょう。

必要なものは、買う。
欲しいものは、とりあえず買わない。

必要なものは、当然ですが買うしかありません。**欲しいものは、買わずに時間を置きましょう**。しばらく経《た》ってから、それでもどうしても欲しい場合は、現金（もしくはブランドデビットカード）で買います。これで衝動買いはかなり防げます。

ポイント

いろいろなものを買ってしまうと、お金がなくなり、本当に欲しいものを買えなくなる。

鉄則

14

お金のゆくえを「ショウ」「ロウ」「トウ」で分析する

家計ノートを開いてください。レシートを集め出してからの買い物の履歴が、日付順に記録されていると思います。

キッチリとやっていなくても構いません。できる範囲で、お金の使い道が書かれていれば十分です。ここでは、家計ノートに記録された内容を、分析していきます。


お金の使い道は、3つに分けることができます。

「消費」と「浪費」と「投資」です。

それぞれ、「ショウ」、「ロウ」、「トウ」と略して呼んでいます。


「ショウ（消費）」とは、生活するのに必要な支払いを言います。

家賃、食費、光熱費、水道代、通信費、生活必需品の購入費などです。家電などの大きなものを購入する場合も、それがないと生活に支障が出るようであれば、その購入費用は消費に振り分けられます。

「ロウ（浪費）」とは、生活するのに必要ではないものへの出費を言い、とくに娯楽やぜいたく品、衝動買いしたものなどへの支払いを言います。

酒、タバコ、スイーツといった嗜好《しこう》品や、飲み会、必要以上の洋服などが当てはまるかもしれません。

ただし、**何をもって浪費とするかは、個人の判断による**ところが大きいのです。浪費と判断するにはどうすればいいのかという点は、また後ほど、鉄則16で説明します。ここでは、生活に必要のない出費だと大まかに考えておいてください。

「トウ（投資）」とは、生活するのに必要というわけではないものの、**将来の自分にとって有効であると思えることへの支出**です。

英会話学校の学費、書籍代、旅行代（経験と見聞を広げるための旅行であれば）、大切な人たちとの交際費などが当てはまります。いわゆる自己投資に使うお金です。また、貯金にまわすお金や、ステップ1で説明した投資信託にまわすお金も、ここで言う投資の範ちゅうに入ります。

なお投資も浪費と同様に、何をもって投資とするかは、個人の判断によるところが大きいものです。この点も後ほど（鉄則16）説明いたします。

以上がショウ・ロウ・トウの定義です。

さて、**家計ノートを見ながら、レシートを集め始めてからの自分のお金の使い方を分析してみましょう。**

どれが消費で、どれが浪費か、どれが投資にあたるか、自分で考えながら蛍光ペンで色づけしてみましょう。

ショウ：黄

ロウ：赤

トウ：青

この3色で、お金の使い方を分類してください。見栄を張る必要はありません。分類を正直にやったほうが、効果が出ます。

人間の心理として、自分が使ったお金を浪費したと認めたくないものです。ついつい、消費か投資に分類したくなりがちです。しかし、正直にやらないと本当の自分の姿は見えてきません。**自分に厳しく分類しましょう**。

○月×日

・朝食　コンビニのサンドイッチとお茶　400円（黄）

・昼食　社員食堂の定食　620円（黄）

・会社自販機　缶コーヒー　120円（赤）

・晩ごはん兼飲み会　3000円（赤）

・帰宅中　コンビニで缶ビール2缶　580円（赤）

迷うことが多いと思います。例えば、仕事の途中に会社の自動販売機で買った缶コーヒー。これは食費に分類できるので消費と考えることができます。しかし、生活するために缶コーヒーが絶対に必要だったわけではありません。

ではこれは浪費かと言えば、仕事のリフレッシュのために缶コーヒーを買ったのだと思えば、投資とも考えられます。こういう場合は、とりあえず自分で判断して、いずれかに分類してください。

また、新入社員が配属になったので課の飲み会があり3000円を払ったとしたら、これは人間関係を築くための投資とも考えられます。しかし、同じ3000円を払った飲み会でも、同僚が集まってただ上司の愚痴を言っているだけだったら、それは浪費なのかもしれません。

同じ「飲み会」という使い道、同じ「3000円」という金額であっても、意味合いが違うのであれば、それぞれ別の分類になるでしょう。

このような感じで分析をしてみてください。

ここ1か月分のお金の使い道が記録された家計ノートを手もとに置いてから始めましょう。

また、家賃や光熱費などを給与振込口座から引き落としで支払っている場合は、銀行の通帳を記帳して（もしくはスマホで確認して）、支払いの履歴を家計ノートに記録しておきます。

蛍光ペンで線を引いて**ショウ・ロウ・トウの分類ができたら**、黄の「ショウ」と赤の「ロウ」、青の「トウ」がそれぞれ1か月全部でいくらになるか、**足し算をしてみてください**。

足し算をした結果は、このようになっているかもしれません。

ショウ：15万円
ロウ：5万円

トウ：0円

仮にあなたが入社3年目の25歳のビジネスパーソンだとしたら、給料の手取りは20万円くらいかもしれません。もし20万円をこの金額のように使っていたとしたら、ショウ・ロウ・トウの割合は次のようになります。

ショウ：75％
ロウ：25％
トウ：0％

おそらくあなたは、毎日、必死になって働いていることでしょう。しかし、せっかく稼いだ給料は、その大半が日々の生活費に消え、残りはただのムダ使いに終わっていて、自分の将来のための投資はゼロだとしたら……。

とても悲しいことですし、将来が不安に感じられるかもしれません。

消費を削れるところはないか、浪費のクセをあらためる方法はないか、少しでも将来のための投資にまわせないか、考えなくてはなりません。

私が理想としている割合は、こんな数値です。

ショウ：70％
ロウ：5％
トウ：25％

あなたの手取りを仮に20万円として振り分けると、こうなります。

ショウ：14万円

ロウ：1万円
トウ：5万円

今後、**消費と浪費をどのように扱い、投資のお金を生み出すかが、成功のカギ**となります。とくに浪費を減らして投資を増やすことが貯金体質になる近道です。

徐々に家計ノートが、あなたの強い味方になってくれるはずです。ノートを見ながら、自分のお金の使い方を客観視してください。ここが減らせるなというポイントが、だんだんと分かってくるでしょう。

ポイント

ショウ70%・ロウ5%・トウ25%に近づける。

鉄則

15

レシートを3つの箱に分類する

ここまで読んできた方なら、レシートを入れる箱がありますよね。**今度は箱を3つ用意します。それぞれを「ショウ（消費）」の箱、「ロウ（浪費）」の箱、「トウ（投資）」の箱とします。**

今までは、帰宅してからその日のレシートをひとつの箱にそのまま入れるだけでした。今後は、そこを少し変えます。

その日のレシートを並べて、それが消費なのか、浪費なのか、投資なのかを考えながら、それぞれの箱に入れてください。神経質にやる必要はありません。大ざっぱで構いません。

一度に複数のものを買った場合は、1枚のレシートに複数の買い物が記載されているはずです。その場合は、**レシートの中で最も高額のものを基準にしてください。**

コンビニで晩ごはんのお弁当（550円）と缶ビール（290円）を買ったとしま

す。お弁当は消費で、缶ビールは浪費と分類した場合、お弁当のほうが高額なので、このレシートはショウの箱に入れます。

またスーパーなどで食料品などを数日分買った場合、その中にお菓子やお酒などの浪費とも思える品があっても、ほかの多くが生活に必要な食料品であれば、そのレシートはショウの箱に入れてください。

このように、**レシートを箱に入れるときに、まずは自分のショウ・ロウ・トウを軽く意識するようにします**。これだけで、ロウが多いとか、トウがほとんどないなどといった、何らかの気づきが得られます。これが、まず重要です。

さらに今後は、レシートを家計ノートに記載する作業を、**毎週末にやることにしましょう**。

仕事を終えて帰ってから家計ノートを毎晩つけるのは大変です。かと言って、月末に全部を処理しようとすると、それだけで結構な作業になります。

1週間に1回、家計ノートをつけるのがちょうどよいペースです。週末、家計ノートをつけながら、買い物の品ごとに蛍光ペンで黄・赤・青いずれかの線を引き、ショウ・ロウ・トウの分類をします。

箱にレシートを入れる際、大まかにショウ・ロウ・トウを意識します。そして毎週末には家計ノートで、買い物の品ごとにショウ・ロウ・トウの分類をします。

このような段階を経ることで、**あなたの金銭感覚に磨きがかかります**。

そして月末には、1か月間の「ショウ」「ロウ」「トウ」の合計を算出します。これを続けてください。あなたの出費の割合がどう変化していくか、観察しましょう。

ポイント▼ **3つの箱で、毎日の生活にショウ・ロウ・トウを取り入れる。**

鉄則
16

時間を置いて過去の出費を振り返る

鉄則14で、**何をもって「投資」とするのか、また何をもって「浪費」とするのか**は判断が難しいと述べました。ここをどのように考えるのかが大切です。結論を言います。

振り返って、自分自身で考えること。

これしか方法はありません。

私を含めて他人がいろいろと言っても、効果がないのです。これは、今までお金のことで1万人以上の人たちと接してきて、強く感じていることです。

ある若い女性が私のところに家計の相談に来ました。ショウ・ロウ・トウの考えを説明し、記録をつけて収支を管理するように彼女に伝えました。のちに彼女の記録を見せてもらったところ、「ネイル代・1万円」がトウとして分類されていました。

プロにつめをきれいに整えてもらい、マニキュアのようなものを塗ってもらう、このネイルというものが、つめの手入れに興味のない私には投資であるとは思えませんでした。

しかし、「ネイルは生活に必要ないから消費ではありません。かと言って、自分の将来に役立つ投資でもないですね。浪費かもしれないですよね」と言ったところで、彼女には届かないのではないかと思いました。

このときは、「なぜネイルが投資だと判断したのですか」とだけ言いました。

するとその女性は「ネイルをすると、気持ちが前向きになるので、仕事にも私生活にも張りが出るのです。自分が気持ちよくなって、もっと頑張れるので、これは投資です」と言います。きちんと考えているようでしたので、その場ではそのまま聞き入れました。

そして1か月ほどしてから再び彼女が訪れたときに、もう一度聞きました。
「ネイルの1万円は、1万円をかける価値がありましたか。トウに分類しましたが、何かに生きましたか」

すると、「いえ、これはただのぜいたくでした。たしかに気分はよくなりましたが、仕事がはかどることにはつながっていませんでした。その分を、貯金にまわしたほうがいいと気づきました」と考え方、判断が変わっていたのです。

浪費をしているときに、浪費だと思いながらお金を払っている人は、まずいません。多くの人は、買い物をしているときは、これは何かの役に立つはずだと思いながらお金を払っています。**浪費だったと気づくのは、後になってから**なのです。

ですから、自分のお金の使い道をショウ・ロウ・トウで分類するときには、後から振り返ることが必要となります。

一か月前に「トウ」として分類した買い物を、その後にもう一度考えてみることです。「これは投資ではない、明らかに浪費だ」と感じたら、それ以降は、同様のお金の使い方をしたら、「ロウ」として分類します。

ショウ・ロウ・トウに分類することを上達させるためには、このように、**自分自身の振り返りが欠かせません**。

これはネイルのような分かりやすい出費に限った話ではありません。すべての買い物に応用できることです。

例えば、「食料品は生活に必要なものなのだから」といって、いつも「ショウ」に分類していると、その中に潜む浪費を見逃すことになるかもしれません。

逆に、少々値のはるレストランで食事をした場合を考えてみましょう。普通に考えればぜいたくな行為ですので、それは「ロウ」に分類するかもしれません。ところが、その会食によって大きなビジネスチャンスにつながったのであれば、それは「トウ」になります。

このように、自分のお金の使い道をショウ・ロウ・トウで分け、その後も定期的に家計ノートを振り返りながら、ショウ・ロウ・トウの分析力を高めていってください。

なぜ「浪費枠」を5%分も残すのかと質問されることがあります。

金額にすると手取り20万円の場合は、1万円です。

これは**「息抜き」のため**です。また、浪費枠があることで、やりくりするとき、気持ちにゆとりを持つこともできます。

給料の全部をガチガチに消費と投資に組み込んでしまうと、きゅうくつになります。毎日きちんと働いているわけですから、自分が好きに使っていいお金も必要です。そのために「浪費枠」を設けています。

息抜きもしながら、気長に貯金体質になっていきましょう。

ポイント

家計ノートの内容を定期的に振り返って、自分のショウ・ロウ・トウ分析の妥当性をチェックする。

鉄則

17

電気代・ガス代・水道代などの支出は気にしすぎない

膨れ上がった「浪費」を少なくして、5%の枠におさえることが重要です。

ただし**浪費を少なくするだけでは、**適正なショウ・ロウ・トウの比率に持っていくことは**難しい面もあります。**やはり**「消費」の中でも、節約できるところは節約していく**ことが必要です。

消費は、生活をしていくための費用とも言えます。この費用は、2種類の支出に分けることができます。

変動費と固定費です。

ここで言う変動費とは、日々の使用量によって料金が変化するような支出だと考えてください（会計学で言う変動費とは、意味が異なります）。

つまり変動費とは、食費・光熱費・水道代といったように、節約をすれば少しは減っていく費用のことを指します。

それとは反対に、固定費とは毎月決まった金額がかかる支払いを言います。家賃や新聞代（もし定期購読していれば）などです。また料金が固定されているプランに入っていれば、スマホ代などの通信費もこれに含めます。

ここで指摘したいのは、生活のための費用を少なくしようとすると、多くの人が変動費を減らそうとするということです。

電気代節約のために寝る前に家電のコンセントを全部抜いたり、水道代を節約するために風呂やシャワーの回数を減らしたりする人もいます。

節約をしようという心構えはとても大切です。しかし、**電気代や水道代などの変動費を節約しても、実は大きな効果は出ません。**

とくに一人暮らしであれば、電気もガスも水道も、月に使用する量はほぼ一定でしょう。普段の生活のペースで、電気やガスや水道を使えばいいのです。

どんなに節約しても電気代が5割減になることは、まずありません。水道代を節約するために風呂やシャワーを控えるというのも、健康的ではありません。

無理なことは長続きしません。

生活に使う費用は、変動費を節約しようとするのではなく、次項で触れるように固定費をズバッと削ることがコツです。

ポイント

電気代・ガス代・水道代などは、極端に節約しなくてもいい。いつものペースで、普通に生活すればいい。

鉄則

18

毎月決まった金額がかかる支出をチェックする

変動費ではなく、**削れる固定費（スマホ代・家賃など）を、徹底して削りましょう。**新聞は読んでいて役に立っていれば問題ありません。もし、ほとんど読んでいなければ、解約しましょう。定期購読している雑誌の場合も、同様です。

スマホ代は、大きく削れます。ドコモ・ソフトバンク・ａｕといった大手携帯電話会社のスマホを使っている場合、ＵＱモバイルなどの格安電話会社のスマホへ乗り換えましょう。今のスマホをそのまま使うことが可能な場合もあります。使い勝手は変わらずに、費用は半分以下にできます。家電量販店や格安スマホのショップで乗り換えの手続きの仕方を聞いてみるとよいでしょう。

家賃は、給料の手取り金額の25％が適正です。20万円の手取りであれば、5万円です。これよりも家賃が大きくオーバーしていれば、引っ越しを検討してください。

ポイント　**固定費に着目する。ズバッと削る。**

鉄則
19

銀行口座を支払い用と貯蓄用に分ける

ショウ・ロウ・トウの分析をして、**より貯金体質に近づくために、銀行の口座をふたつ持つことにしましょう。一方は支払い用で、もう片方は貯蓄用です。**

支払い用の口座は、給料が振り込まれている、現在の口座で構いません。会社から給料が振り込まれる口座を給与振込口座と言います。

給与振込口座は、みずほ銀行、三井住友銀行、三菱ＵＦＪ銀行、りそな銀行などの都市銀行である場合が多いようです。

また勤めている会社の所在地によっては、横浜銀行、千葉銀行といった地方銀行が給与振込口座になっていることもあります。

これらの銀行は、家の近くや会社の近くに支店があることが多いでしょうし、現金自動預払機（ＡＴＭ）も多く設置されているので便利です。

ちょっと脱線します。**ATMでお金をおろすときは、必ず手数料がかからない時間内にしてください**。それ以外の時間帯におろすと手数料が取られます。数百円だから別にいいやと思ってこれをやってしまうと、いつまで経っても貯金体質になりません。**ATMに限らず、手数料を極力払わない**という姿勢でいてください。

給与振込口座を活用するコツは、支払い専用にしてしまうことです。

家賃、光熱費、水道代、新聞代、スマホ代などの毎月の支払いを、給与振込口座からの引き落としにします。必要な生活費や、「浪費枠」5％のための現金も給与振込口座からおろします。

ブランドデビットカード（鉄則6）も給与振込口座の銀行でつくりましょう。ブランドデビットカードで買い物をした瞬間に、給与振込口座からお金が引き落とされます。

つまり、すべての支払いを給与振込口座にまとめてしまうのです。

こうすることで、お金の流れがはっきりと目に見えるようになります。貯金体質になれる人は、自分のお金の流れを常に把握しています。

実は、この「自分のお金の流れ」というものをしっかりと管理するために、家計ノートをつけたり、出費をショウ・ロウ・トウで分析したり、銀行の口座をふたつに分けたりといったことをお勧めしているのです。

自分のお金の流れが分かっている人になるためにも、ぜひこれらの鉄則を実践していただきたいと思います。

もう片方の貯蓄用の口座については、次の鉄則で説明します。

ポイント

すべての支払いを給与振込口座にまとめる。必要な現金も、給与振込口座からおろす。

鉄則
20

ネット銀行に貯蓄用の口座をつくる

ショウ・ロウ・トウによって、徐々に貯金体質に変化してきたでしょうか。手取りの給料が20万円なら、25%である5万円が「トウ」（投資）の目標金額です。

毎月末の家計ノートをしめるときに、最初は0円だったトウが、1万円になり、2万円になり、3万円になり……といった具合に増えていけば、しめたものです。あなたの給与振込口座にお金が貯まり出します。貯まったお金は、給与振込口座にそのままにしておかず、別のところに移しましょう。

給与振込口座にそのままお金を置いておくと、つい、おろして使ってしまいたくなります。これを防ぐために、別の口座に移します。これが貯蓄用の口座を持つ意味です。

貯金用の口座は、ネット銀行につくります。通常の銀行と比べて手数料が安く、ステップ4で説明する投資信託を購入するときにも便利だからです。通常の銀行は、店舗を開いて、窓口に多くの人を配置しなければならないので、どうしても経費がかかります。その分、各種の手数料を利用者から取らなければなりません。

一方、ネット銀行は、少ない従業員で仕事ができるため、経費が安くすみます。そのため、いろいろな手数料を安価もしくは無料にして、お客さんを集められるのです。

ネット銀行は、ソニー銀行・楽天銀行・イオン銀行・住信SBIネット銀行など、いくつもあります。**どこでも問題ありません**。よいサービスを実施しています。

ただ、この本を読んで、投資を始めてみようと思った方にお伝えしたいことがあります。

住信ＳＢＩネット銀行と楽天銀行は便利だと思います。

鉄則30でネット証券の会社を紹介しています。その中にＳＢＩ証券と楽天証券もあります。これらの証券会社に口座をつくる場合、それぞれ、同じ系列の住信ＳＢＩネット銀行、もしくは楽天銀行に口座をつくっておいたほうがスムーズです。お金を銀行口座から証券口座に移すときに、手数料がかからないなどのメリットがあります。

ネット銀行の口座は、スマホから簡単につくれます。申し込みフォームに必要事項を入力し、口座開設の申請をします。1週間程度で銀行からキャッシュカードが届くので、届いたらサイトにログインし、カードの受け取り確認の設定を行います。またこの前後にサイトの初期設定（キャッシュカードの暗証番号の登録など）も行います。

これだけで、ネット銀行の口座が開けます。

ポイント

給与振込口座に貯まったお金を、ネット銀行で貯蓄する。

ステップ 3

貯金を加速させる鉄則10

鉄則
21

知人・友人・同僚とはお金の貸し借りをしない

ここで、お金にまつわる人間関係についても触れておきます。ぜひ社会人として知っておいていただきたいことです。

新入社員や入社数年までの人たちは、交友関係も学生時代の延長であることが多いようです。知人や友人とのお金のやりとりに関しても、学生時代と同じような感覚を持っている可能性があります。

もちろん、学生時代からの友人との付き合いを否定するなどといったことではありません。今後も、昔からの友人とは仲良くしてもらいたいですし、新しく知り合った仲間や同僚とも、よい付き合いをしていただきたいと願っています。

ただ、**良好な人間関係を維持するためにも、以下の点を守ってください。**

- **お金の貸し借りはしないこと**
- **もうけ話は聞かないこと**
- **給料やボーナスの話はしないこと**

学生時代には、友人同士で簡単にお金の貸し借りをしていたかもしれません。昼ごはん代の500円を貸すとか、飲み会の際、足りない1000円を借りるといった具合です。

学生時代の貸し借りは金額も低いですし、貸し借りが友情の証《あかし》のように感じられるかもしれません。しかし、社会人になったら、これはやめたほうがいいでしょう。

お金の貸し借りをすると、友情にひびが入り、人間関係が続かなくなることが多いのです。約束の期限までにお金が返ってこなかったり、中にはそのままになってしまったりすることもあるからです。

一般的に、さほど仲のよくない人にはお金は貸さないものです。仲がよい人だからこそ、困っているのだろうと思って貸すわけです。しかし、貸したお金が返ってこないことが、しばしばあります。結果としてお金の貸し借りは、本当に大切な人との関係を壊してしまう可能性が高いのです。**貸すのも借りるのも、やめたほうがよい**でしょう。

実を言えば、私も何度かお金を貸したことがあります。本当に困っていると思ったから貸したものの、その後によい思いをしたことはありません。

もし友人が本当に困っていてどうしてもお金が必要そうだと感じて貸すのなら、あげるつもりで貸してください。 返ってこなくても構わないと思って渡してください。そして、渡したことは忘れましょう。

友人や知人からのもうけ話にも注意が必要です。

例えば友人からの紹介で何かの商品を購入して、今度は自分が誰かに紹介してその商品を購入してもらったら、自分にお金が入ってくるような類《たぐい》の話です。

こういう話はたくさんあります。マルチ商法などと呼ばれています。一切、こういう話に乗らないでください。話を聞きに行くこと自体、避けてください。

厄介なのは、仲のよい友達や知り合いからの紹介である場合です。仲のよい友人や以前からの知り合いから話をもらうと、「この人が自分のことをだますわけはない」と思ってしまいます。そこが実に危ないのです。

話をしている友人も、これが怪しい話だと思っていないこともあります。あなたをだますつもりはなく、本当にいい話であり、お金もうけになる話をしていると思っているかもしれません。

20代のビジネスパーソンは、まだ社会経験が豊富ではありません。しかし、収入はあるので、このような話のターゲットにされやすいのです。

楽をして、すぐに大金が入ってくるなどということは、世の中にはないと知っておいてください。

学生時代の友人や会社の同僚と、給料やボーナスの話をするのも避けましょう。

学生時代は、バイトの時給や自分が月に稼いでいる金額を、気楽に友人に語ってしまうものです。こういう話をするのは社会人になったらやめましょう。

収入の相場を知るために、学生時代の友人と年収の話をする人がいます。また、会社の同期の社員と、給料やボーナスの話をすることがあるかもしれません。同じ年に入社しても、早ければ入社後数年で得られる収入には差が出てきます。差を知れば、自分も相手も複雑な気持ちになるはずです。

とくに学生時代の友人は、働いている業界も職場も違うわけですから、収入に違いが出て当然です。友情にひびが入るような話をするのは避けましょう。

ポイント

学生時代の延長でお金の話はしない。思わぬことで、人間関係にひびが入る。年収の話もしないこと。

鉄則
22

相談相手を見つける

若いうちに、友人や同僚ではなく、**お金のことを相談できる、経験豊かな人が見つかると心強い**ものです。単に金持ちだとか、もうけるのがうまい人を見つけてほしいということではありません。

「お金というのは、このように貯《た》めて、このように使うものだ」という価値観を教えてくれる人がいるとよいのです。私の場合は、母でした。

母は「ムダ使いするな」とは言わず、「死に金になる使い方をするな。生きた金を使え」とよく言っていました。

若いころは意味が分からなかったので、私もたくさんのムダ使いをしてきました。今では母の言うことがよく分かります。死に金は、浪費のこと。生きた金は、適正な消費と投資のことです。母の「生きた金」という言葉をずっと考えていて、私はショウ・ロウ・トウという方法にたどり着きました。

価値観がしっかりした人に、人生プランとお金について意見を聞くとよいでしょう。

ポイント
目上の人の経験を踏まえた意見は、役立つことが多い。

鉄則
23

家計ノートに「3行日記」を加える

あなたの金銭感覚をさらに磨くために、ここで家計ノートのつけ方をパワーアップしましょう。

毎週末に溜《た》まったレシートを、日付ごとに家計ノートに記載し、それを蛍光ペンで線引きしながらショウ（消費）・ロウ（浪費）・トウ（投資）に分類することは、鉄則14で述べました。

今後は、その日、その日のお金の使い方を見ながら、**感じることを家計ノートに書き込んでみてください。ほんの2、3行で十分です。**

○月×日

・朝食　コンビニのサンドイッチとお茶　400円（黄）

・昼食　社員食堂の定食　620円（黄）

・会社自販機　缶コーヒー　120円（赤）

・晩ごはん兼飲み会　3000円（赤）

・帰宅中　コンビニで缶ビール2缶　580円（赤）

↓
・やっぱり、同期との飲みは徐々に減らそう。愚痴ばかりで意味がない。
・飲み会の後にコンビニでビールを買うのはムダだ。余計な浪費をしてしまった。
・なんだかんだで、飲み食いにしかお金を使っていない。

このような3行日記でよいのです。格好をつける必要はありません。**正直に思うことを書いてください**。誰かに見せるものでもありません。

コメントがとくにない日は、無理をして書く必要もありません。

この3行日記は、かなりパワフルです。**お金の使い道を分析しながら、自分の行動を振り返ることができます**。

ここに正直に自分の気持ちを書いておくと、これ以降は、同じような失敗をしにくくなります。

飲み会の後に酔っ払って、コンビニでビールを2缶買うのはムダなことだなと思えば、今後はそれを避けるようになるでしょう。

家計ノートを週末につけ、その際に3行日記も書きます。これが、自分の1週間分の行動を冷静に分析する貴重な機会になっていきます。

たとえば、日曜日の夜のリラックスしている時間帯に、家計ノートの整理と3行日記への記入を習慣化するのもいいでしょう。先週の一日一日を振り返りながら、今週一週間の過ごし方をイメージするのは有意義なことです。

ポイント

3行日記は正直に書く。反省点や失敗ばかりではなく、いいこと、自分が成長したなと思うことも書くと、さらに効果あり。

鉄則
24

家計ノートに「生活の様子」も書き記す

日々のお金の使い方に関して3行で感想を書くことに慣れてきたら、さらに家計ノートをバージョンアップして活用します。

今度は、家計ノートをつけている週末に、**3行日記とは別に「生活の様子」を書き加えてみましょう。**

3行日記は、その日その日のお金の使い方を振り返るものです。

一方、「生活の様子」のほうは1週間の生活を振り返ってみて、感じることを書いてみてください。分量はどのくらいでも構いません。自分の好きに書いてみましょう。

なぜこのような提案をするのかというと、お金のことで相談に来る人たちの話を聞いていて、共通点があると感じたからです。

「お金が貯まらない」と言う方たちの話を聞いていると、みなさん、悩みやストレスがあって、それがお金の使い方に表れていることが多いのです。

みなさん、仕事が忙しすぎるとか、上司との折り合いが悪いとか、自分の評価に不満があるとか、家庭がうまくいっていないなどといった悩みをお持ちです。そういう**ストレスによって**、発散のために飲みに行ったり、洋服を買いに行ったり、休みの日には**むちゃなお金の使い方をしてしまったりする人が多い**のです。

このような**生活の様子を、自分自身が知ることが大切**です。

数字だけを書くのが家計ノートではありません。生活の様子を振り返って、何が原因でむちゃなお金の使い方をしてしまうのか、知ることも大切です。

悪いことばかり書く必要はありません。「こんなことがあって、うれしかった」という**ポジティブなことも書いておきましょう**。

このような生活の様子を書き出すことによって、自分の感情の起伏と、お金の使い方に関連性があることが分かってきます。

お金の使い方は、数字で管理できます。そしてその数字の動きを見ていけば、自分の感情や悩みがどのように変化しているのかが把握できます。そうすれば、お金を貯めるには、どのような毎日を過ごせばよいのかが分かってくると思います。

家計ノートを強化して生活の様子を客観視すれば、あなたが貯金体質に変わる勢いは一気に加速していきます。

肩ひじを張る必要はありません。見栄を張ることもありません。自分の過ごした一週間を解きほぐすように、記述してみてください。3行日記と同様に、毎週日曜日の夜にやってみたらいかがでしょうか。

ポイント

生活の様子を振り返れば、自分の感情がお金の使い方に影響していると分かってくる。

鉄則

25

給与天引きで貯金をする

私が理想としているショウ（消費）・ロウ（浪費）・トウ（投資）の割合と、それをもとにした手取り20万円の内訳は、こういう数字でした（鉄則14）。

ショウ：70％　14万円
ロウ：５％　１万円
トウ：25％　５万円

日々の生活を振り返り、消費・浪費から少しでも投資へとお金を移すことができれば大きな進歩です。投資がいきなり満額の５万円にならなくても構いません。コツは徐々に貯金体質になっていくことです。

給与振込口座にお金が貯まるようになったら、貯金用の口座であるネット銀行の口座にお金を移すと述べました。最初は、どのくらい貯金ができるか分かりませんし、給与振込口座に残る金額も毎月一定ではないかもしれません。ペースがつかめてきて、毎月末の給与振込口座に残る金額が見えてきてから、貯金用の口座にお金を移すので も構いません。

その場合に、**やってほしいことがあります**。**「給与天引き」**です。

「給与天引き」とは、毎月の給料から一定の金額を自動で貯金にまわすことです。

要は、自分でお金を給与振込口座からどこか別の口座に移すのではなく、自動でやってしまうというものです。これが貯金をするにあたり、大きな効果を発揮します。

いちいち自分で手続きしようとすると、つい貯蓄の口座に移すのが面倒になったり、貯蓄用口座に移さずにそのまま使ってしまったりします。

ショウ・ロウ・トウのペースがつかめてきて、給与振込口座に残る金額が見えてきたら、そのうちの一定の金額、例えば2万円を給与天引きにしてしまうのがいいと思います。そして、**給与天引きの金額を、3万円、4万円と徐々に増やしていきます**。

例えば住信SBIネット銀行には「定額自動入金サービス」というものがあります。給与振込口座から、住信SBIネット銀行につくる貯金用の口座へ、毎月自動で一定の金額が入金されるサービスです。入金額は毎月1万円以上で、1000円単位で増額できます。手数料は無料です。

また、勤務先の企業が制度を導入していれば、**財形貯蓄制度を使うのもよい**でしょう。**大変優れた「給与天引き」の貯蓄制度**です。**「一般財形貯蓄」「財形住宅貯蓄」「財形年金貯蓄」の3つ**があります。これは会社が社員の給料から毎月一定額を天引きし、財形貯蓄取扱金融機関に払うという、会社を通して貯蓄を行う制度です。

「財形住宅貯蓄」は用途が住宅の建築や購入に限定されますが、「財形年金貯蓄」と合わせて貯蓄残高550万円まで利息に税金がかかりません。また、「財形年金貯蓄」は60歳以降に年金として受け取るための貯蓄制度です。こちらも、「財形住宅貯蓄」と合わせて貯蓄残高550万円まで利息が非課税です。年金の払い出し以外の理由で引き出すと課税されます。「一般財形貯蓄」は貯蓄開始から1年が経てば、いつでも引き出せます。利息は課税されます。くわしくは、勤務先の総務部などに聞いてみてください。

ポイント▼ 毎月貯まる金額が見えてきたら、給与天引きで貯金する。

鉄則

26

生命保険を見直す

鉄則18で、固定費はズバッと削るべきだという主旨のことを述べました。

ここで言う固定費とは、家賃、スマホ代、取っていれば新聞代などです。実はここに、もうひとつ、**大きな固定費が存在する**場合があります。**生命保険料です。**

人によっては毎月1万円以上の生命保険料を払っているかもしれません。なぜ生命保険に入っているのでしょうか。

生命保険会社の営業マンに熱心に勧められたから。社会人になるときに、周りから「保険くらい入っておけ」と言われたから。いろいろな理由があると思います。

そしてもしかしたら、**生命保険に入っている一番の理由は、あなたが国の社会保障制度をよく知らないから**かもしれません。

国の社会保障制度を理解しておけば、民間の生命保険には入らなくてもいいと感じる人もいると思います。

国の社会保障制度といっても、すべてを説明すると話が膨大になりますので、ポイントをしぼります。

事故や病気で病院に通うようになった、もしくは入院するようになった場合を考えましょう。当然、お金が必要になります。しかし私たちは、かかった費用の３割を病院の窓口で払えばそれですみます。これは国の健康保険という制度に入っているからです。企業の正社員であれば、ほぼ全員が入っています（例外もあります）。

しかし、それでも費用が気になるかもしれません。１か月入院して仮に１００万円の治療費がかかった場合、たとえ自己負担が3割といっても30万円です。そんな大金は払えないと思うかもしれません。こういう場合は、**「高額療養費制度」という国の制度が使えます**。

これは**病院へのひと月の支払いが、ある一定の金額を超えた場合、超えた金額が支給される制度**です。「ある一定の金額」は、その人の年収によって決まります。

年収３５０万円のビジネスパーソンで考えてみます。年収が３７０万円より下であれば、ひと月の支払い限度額は5万7600円です。国の健康保険の利く範囲で治療を行っていて、ひと月の支払い限度額を超えたら、あとは実質的に医療費を払わなくてすみます。仮に半年間入院したとしても、支払うべき医療費は34万5600円です（食事代や差額ベッド代など医療費以外は別途かかります）。

「もし病気になって入院することになれば医療費が払えない」と考えて、生命保険に入る人が多いようです。しかし、例えば月額1万円の生命保険に入らずに、それを貯金していれば1年で12万円、10年で120万円になります。

病気になるかどうかも分からないのに、保険料を払うのは実にもったいないことです。**もしも病気になった場合には、貯金から医療費を出すので、生命保険は必ずしも必要ではないというふうに考えてもいい**のです。

ポイント

「高額療養費制度」を知らない社会人は多い。生命保険に入るなら、これを知ってからにしよう。

鉄則

27

死亡保険に入らない

誤解してほしくないのですが、保険のすべてを否定しているわけではありません。例えば、自動車を持っている人は、自動車保険（自賠責保険）に必ず入らなければなりません。私が入らなくてよいと述べているのは民間の生命保険のことです。

生命保険には大きく分けてふたつの種類があります。医療保険と、死亡保険です。

前項で触れたのが医療保険です。今度は死亡保険について考えてみます。

死亡保険とは、あなたが死亡したときにお金が支払われる保険のことです。あなたが独身なら、亡くなったときに多額のお金など不要です。結婚して子どもが生まれ、生活費の補償をするべき人ができたら検討すればよいことです（なお仮にあなたが子どもを残して死んだ場合、国の社会保障制度のひとつである「遺族年金」からも、子どもの養育費が支払われます）。また、家をローンで買ったときに、銀行から保険に入るよう条件づけられることがあります。

死亡保険は子どもができたときか、家を買うときに、考えればよいのです。

ポイント
20代や30代で亡くなる可能性は低い。独身なら死亡保険は不要。

鉄則

28

保険に入るなら、掛け捨ての医療保険を検討する

「医療保険は必要なし。死亡保険は、子どもができたら検討すればよい」

こういう話をしても、それでも心配だから医療保険に入りたいという人がいます。

「貯金もまだ少ない状態です。仮に長期に入院をした場合、ひと月の限度額5万7600円を数か月にわたって払うことはできません」

そんな**心配をする人は、掛け捨ての医療保険に入るといい**でしょう。

20代前半の方なら、**月に2000円程度の保険料で掛け捨ての医療保険に入れます**。

掛け捨ての医療保険にもさまざまな種類があります。ケガによる通院でも支払われるものや、非喫煙者割引があり、タバコを吸わなければ、安い保険料で契約できる保険など、特長もそれぞれ異なります。

興味のある方は、医療保険を比較するサイトなどもあるので調べてみるとよいでしょう。

ポイント▼ 掛け捨ての医療保険で安心感を買う方法もある。

鉄則
29

ふるさと納税を活用する

ショウ・ロウ・トウを分析して、浪費はおさえ、消費も節約できるところはしていきましょうと述べてきました。しかし、そうすると生活がギスギスしてくるかもしれません。たまには、ぜいたくをしたいときもありますよね。

そういうときに、**ぜひ活用したいのが、ふるさと納税という国の制度**です。

ふるさと納税のしくみを細かいところまで説明したり、制度の全容を解説したりすると、かえって話が分かりにくくなります。ここでは、ふるさと納税とは次のようなものだと考えてください。

2000円だけ自己負担すれば、2000円以上の価値がある地域の特産品などの品物やサービスが返礼品として受け取れる制度。

どこかの自治体に、まず寄付をします。寄付をしたら、その自治体から寄付のお礼として、品物などが届きます。**寄付をしたお金は、**他の自治体へ寄付した金額も合算し、総額から自己負担額の2000円を差し引いた金額が、**寄付した人に後から実質的に返ってきます**。つまり、2000円の自己負担で自治体から魅力的な返礼品が受け取れるということです。

具体的に見てみましょう。ここでは、ふるさと納税を寄付する自治体の数が5団体以内の際に利用できる**「ふるさと納税ワンストップ特例」を申請するケースで考えてみます**。通常のふるさと納税に必要な、確定申告をしなくてすむ便利な特例です。

ある市はふるさと納税を3万円行うと牛肉を贈るとホームページに掲げています。この市に3万円寄付すると、お礼にその市から、8000円分くらいの牛肉が届きます（寄付金額と返礼品の金額の比率は自治体などによって異なります）。3万円の寄付から2000円を引いた2万8000円は、どのような形であなたに戻ってくるのでしょうか。

寄付をしたお金は3万円ですが、あなたの本来納付すべき住民税の金額から2万8000円分が控除されるのです。つまり、翌年の住民税の減額により実質的には2万8000円が戻ってきたのと同じことになります（ワンストップ特例の場合）。

ふるさと納税を行った金額のうち、2000円を超える部分については住民税から原則として全額が控除されますが、**年収に応じて、控除できる金額（ふるさと納税枠）には上限があります**。つまり、上限を考慮して寄付額を決定する必要があります。あなたが独身で年収が350万円であるとします。この場合、3万4000円までを目安に寄付をすることができます（『総務省ふるさと納税ポータルサイト』に、家族構成と年収に応じた、寄付可能な金額の上限の表があるので確認してください）。

寄付した金額に対して、自治体は3割以下のお礼の品を返すことになっているので、あなたは年間で1万円くらいの返礼品を手に入れることができます（被災地の自治体などに返礼品なしで寄付することもできます）。

では、どうやって寄付をする自治体を見つければいいのでしょう。

『ふるさとチョイス』や『さとふる』などのホームページを見てください。そこにたくさんの返礼品が写真入りで紹介されています。欲しい品物を選んでください。

ただし注意していただきたいのは、あなたのふるさと納税枠の上限を超えて、例えば5万円や10万円の寄付金を必要とする返礼品を選ぶと、**上限を超えた分は住民税から控除されないため、単純に寄付したことと同じになります**。ですから、自分のふるさと納税枠よりも少ない金額で寄付金総額を決定してください。逆に言えば、上限内であれば複数の自治体に寄付（返礼品）を申し込んでも構いません。

欲しい品物を見つけてクリックすると、その画面上で寄付の手続きができます。

寄付金の支払い方法は、クレジットカード、銀行振り込み、郵便局での入金、現金書留などですが、自治体によって異なります。クレジットカードで支払いができる場合は、ブランドデビットカードでも支払いができます。処理等の混乱を避けるため、ご自分名義のカードを使用してください。

さらにその画面で「ワンストップ特例制度の申請」という項目があるので、そこにチェックマークを入れてください。寄付する自治体の数が1年間に5つまであれば、この申請で手続きがすみます（1年間に6つ以上の自治体に寄付する場合は、確定申告が必要になります。また寄付したお金の、税金からの控除方法も異なります。くわしくは、『総務省ふるさと納税ポータルサイト』をご参照ください）。

画面でこの申請をしてから寄付の手続きを終えると、後日、その自治体から書類が郵便で届きます。届いたら、その書類に必要事項を記入して、マイナンバーのカード（「通知カード」か「個人番号カード」のどちらか）のコピーを添えて、自治体へ郵便で送り返します。これで終わりです。

この書類を送り返しておけば、寄付した年の翌年の6月以降に、あなたの本来納付すべき住民税から「寄付金総額から2000円を差し引いた額（ただし、ふるさと納税枠を限度とする）」が減額されます。

ポイント▼ **ふるさと納税は積極的に活用したい制度。**

鉄則
30

ネット証券に投資用の口座をつくる

次のステップ4で、貯金の話から徐々に本格的な投資の話に入っていきます。その準備として、ステップ3の最後の項では、投資信託を購入するための口座開設の説明をいたします。

投資信託を購入して長期で運用していくためには、証券会社に口座をつくる必要があります。貯金用の銀行口座と同様に、ネット証券の会社を選びます。理由は、店舗を持つ通常の証券会社に比べて、いろいろな手数料が安いからです。

ネット証券にもたくさんの会社があります。**SBI証券、楽天証券、マネックス証券、カブドットコム証券、松井証券などの各社は、よいサービスをしていて安心**です。

ただ、鉄則20で、**住信SBIネット銀行を選んだ方、楽天銀行を選んだ方は、それぞれSBI証券か楽天証券にするのが便利**です。ここに口座をつくるとよいでしょう。**銀行と証券が同じ系列だと、お金を銀行から証券会社に移行するのもスムーズです**

し、銀行口座の金利が優遇されるなど、好条件が与えられることもあります。

住信SBIネット銀行や楽天銀行を選ばなかった方は、**前述の5つの証券会社ならどこでも結構です。**どこも口座数が多い証券会社であり、取り扱いの投資信託の商品が豊富で、各種の手数料が安いからです。多くの人に支持されているネット証券会社です。

ここで、口座申し込みのやり方を簡単に見てみましょう。証券口座をつくること自体は無料ですので、心配はいりません。

証券会社のホームページで手続きを進めることができます。口座を開設するためには、免許証やパスポートなどの本人確認書類とマイナンバーを提示する必要があります。書類の提示は、webへのアップロード、書面を郵送、Eメールの送信などの方法があります。

いずれかのやり方でそれをすませ、ホームページ内のフォーマットに必要事項を入力し申請すると、口座開設申込フォームの受付が完了します。

その後、数日で証券会社から口座開設手続完了に関する書類が郵便で届きます。これを本人が受け取れば、口座開設は完了です（詳しくは、各証券会社のホームページをご参照ください）。


なお、証券会社に口座を開く際に、いくつか気に留めていただきたいことがあります。

1点目は、口座の種類を**「一般口座」にするか、「特定口座」にするか**です。

給与収入が年間２０００万円以下の人で、給与以外の各種所得（投資の利益や副業など）の年間合計額が20万円以下の場合は、確定申告が不要なのですが、投資信託を売却して20万円超の利益が得られた年は、確定申告をして、利益に対して約20％（所得税及び復興特別所得税15・315％、および住民税５％。以下「20％」とします）の税金を納める必要があります。申告の際には、原則として1年間の投資に関する譲渡損益を自分で計算しなければなりません。

一般口座を選ぶと、証券会社から送られてくる取引報告書などをもとに自分自身で譲渡損益の計算を行うことになります。一方、特定口座にすると、「特定口座年間取引報告書」を証券会社が作成してくれます。「特定口座年間取引報告書」とは、特定口座内の1年間の譲渡損益などを集計した報告書で、証券会社が作成・交付するものです。これを利用した簡便な申告が可能です。以上の理由から**「特定口座」をお勧めします。**

2点目は、**「源泉徴収あり」にするか「源泉徴収なし」にするか**ということです。

投資信託を売却して20万円超の利益が得られた年は、確定申告をして、利益に対して20％の税金を納める必要があると先に説明しました。

「源泉徴収あり」を選ぶと、証券会社が売却益に対して20％の税金を源泉徴収するため、この確定申告が不要になります。一方、「源泉徴収なし」を選ぶと、売却益に対して納税がすんでいないため、確定申告を自分自身で行わなければなりません。

確定申告に不慣れな人にとっては、「源泉徴収あり」を選択するのがよいと思えます。

しかしながら、ここはひとつ注意が必要です。売却益に対して納税がすんでいないため、「源泉徴収あり」にした場合、売却益の金額にかかわらず、20％の税金が徴収されます。

つまり「源泉徴収あり」にすると、自分自身による確定申告の手続きは不要になるものの、得られた利益の金額が仮に20万円以下であっても20％の税金を納めることになります。「源泉徴収なし」にした場合は、年間の利益が20万円超であれば確定申告を自分で行う必要がある反面、利益が20万円以下であれば、確定申告の必要はなく、20％の税金が源泉徴収されることもありません。

「特定口座」・「源泉徴収あり」が手続きでは最も楽になります。しかし、本来、申告不要にできる20万円以下の売却益の20％が課税対象になるのは大きなことです。ゆえに私としては基本的に**「特定口座」・「源泉徴収なし」という選び方がよい**と思います。**メリット、デメリットを比べて、ご自身に最適なほうを選んでください**。なお、「源泉徴収あり」「源泉徴収なし」は、特定口座開設後でも変更可能です（一定の制約はありますので、くわしくは証券会社にお問い合わせください）。

ポイント
銀行と同じ系列のネット証券に口座をつくると便利。

ステップ 4

投資を始めるときの鉄則10

鉄則

31

投資信託について知る

いよいよ、ここから具体的な投資のやり方に入っていきます。

投資と言っても、ばくちを打つような話ではありません。長期にわたって、少しずつ利益を増やしていく方法を説明します。

実際に、どのような商品を買って利益を増やしていけばいいのでしょうか。

まず、よく本などに出てくるのが国債です（ここまで取り上げてきた投資信託とは別の商品です）。

国債とは、国が必要な資金を調達するために売り出す商品のことで、国の借金とも言えます。利息がつき、元本《がんぽん》（国債を買うときに払った金額）・利息ともに国によって保証されています。

個人向け国債を例にすると、利率が満期まで変わらない固定金利型で3年後に利息をつけて返してもらえるものを「固定3年」と言い、5年後に返してもらえるものを「固定5年」と言います。他に変動金利型の「変動10年」があります。

現時点（２０１８年４月）なら、利率はどれも０・０５％です。銀行の定期預金よりは、少々よいかなという程度です。

銀行に貯金しておいてもほとんど利息が増えないのと一緒で、**投資の対象として国債を買っても大して増えることはありません**。

ではなぜ国債を買う人がいるのかと言うと、満期時には日本政府より元本が償還される点で安全性が高く、銀行に預けておくよりは、少しだけ利率がよいからです。

ステップ１でも触れたように、**利回り５％をめざす運用をする際には**、**投資信託**を上手に活用していきたいところです。では、具体的に投資信託とは何か。ここであらためて説明します。

投資信託とは、広く一般の投資家から比較的少額のお金を集めて、そのお金を国内外の債券や株式で運用し、得られた利益を投資家の投資額に応じて分配する仕組みの金融商品のことを言います。

少し詳しく言うと、投資信託運用会社というプロが、利益が出そうな、複数の国内外の株式や債券などに投資・運用し、その運用成果を投資額に応じて投資家に分配します。

例えば、価格の変動が比較的大きい株式や、価格の変動が比較的ゆるやかな債券など、価格の動きが違うものを複数組み合わせて持っておけば、全体として平均的な利益が期待できます。少額の投資でも、さまざまな資産に分散投資することで、リスクを軽減することも期待できます。

投資信託は、大きくふたつの種類に分けることができます。インデックスファンドとアクティブファンドです。ファンドとは投資信託という意味です。つまり「インデックス型の投資信託」と、「アクティブ型の投資信託」というふたつの種類があるということです。

インデックスファンドについては、後ほど鉄則35と36で説明します。ここではアクティブファンドについて解説します。

アクティブファンドとは、簡単に言うと、投資信託運用会社の専門家（ファンドマネージャー）が独自の知識、経験、ノウハウを活《い》かして運用判断を行い、市場平均よりもよい成果を目指して運用している投資信託のことです。専門家たちが調査・分析をして商品をつくっているので、手間暇がかかっています。彼らが手間暇をかけることによって、高い利益を出そうとします。

その一方で、専門家が労力をかけているので人件費がかかってしまうため、結果として**アクティブファンドは手数料が高くつきます**。そのかわりによい運用成績が出せているのであればよいのですが、手数料が高くついている割に、後ほど説明するインデックスファンドと比べても、思うような利益が出ている商品は多くありません。

手数料が高く、あまり思うような利益が出ないのであれば、お金を出している私たちに、多くの利益は還元されません。ゆえに**アクティブファンドは、この本で勧める長期投資の対象からは外す**のがよいと考えます。

なお投資信託の「手数料」には2種類あります。販売手数料（購入時手数料とも言う）と運用管理手数料（信託報酬とも言う）です。

販売手数料とは、投資信託を買うときに1回だけかかる手数料のことです。運用管理手数料とは、投資信託を保有しているあいだ、毎年払う手数料のことです。

アクティブファンドの手数料が高いと言っているのは、ずっと払い続けなければならないこの運用管理手数料のことなのです。少しでも多くの利益を手元に残すためにも、手数料を安く抑えることは大事なので、長期の投資にアクティブファンドはコスト面でもあまりお勧めできません。

ポイント

長期投資の対象商品は、投資信託がよい。投資信託には2種類あり、運用管理手数料の高いアクティブファンドは投資の対象から外す。

鉄則
32

銀行・証券会社の窓口が勧める投資信託は買わない

銀行や証券会社の窓口では、手数料の高いものを熱心に勧めます。

投資信託という商品は、投資信託運用会社がつくります。それを売っているのが、銀行や証券会社です。つまり銀行や証券会社は、投資信託の販売代理店なのです。販売代理店としては、少しでも自分たちの利益になる商品を売りたがります。

先ほど、手数料には販売手数料と運用管理手数料があると述べました。これらの手数料は、販売代理店である銀行や証券会社の利益になります（運用管理手数料は運用会社、信託銀行にも分割して支払われます）。ゆえに、窓口ではとくに手数料が高い投資信託を熱心に勧めます。

私がネット証券で投資信託を買うことを勧めているのには、こういった背景があります。**SBI証券や楽天証券などのネット証券では、手数料を極力安くした商品を、豊富に扱っています。**

ポイント

手数料が高くなればなるほど、投資するうまみは少なくなる。

鉄則

33

個別株・FX・外貨預金・先物取引などには手を出さない

世の中には、**個別株（投資信託ではなく、個別の企業の株）・FX・外貨預金・先物取引・不動産投資など、いろいろな投資の対象があります。**

初心者のみなさんはこれらに手を出さないでください。ばくちのようなものです。

投資信託も価格は上下します。そのため投資信託は複数の資産や、複数の株式に投資するなどしてリスクを分散しています。

リスクとは、価格が上がったり下がったりする振れ幅のことを言います。振れ幅が大きければ大きいほど、ばくちの要素が強くなります。世間で「もうかる」と言われている**右記のような商品は、振れ幅が大きなものばかり**。手を出してはいけません。

ポイント

大きくもうかると言われる投資の対象は、大きく損をする可能性も高い。価格の振れ幅が大きい投資には、手を出さないこと。

鉄則

34

従業員持株会への入会は慎重に検討する

入社した会社が上場企業、非上場企業を問わずに、**従業員持株会という制度がある企業は多い**と思います。**従業員持株会とは、勤務先の株式を毎月買っていく組織**のことです。入会すると給料から自社株を買うためのお金が差し引かれていきます。

従業員持株会に入るかどうかについてですが、勤務先の株式も、鉄則33で説明した**個別株であるということを認識して、慎重に検討してください。**

業績悪化により、株価が下がることもあります。自社株を購入する場合も、**自社株のみを保有するのではなく、**貯金や、投資信託などに資産を分け、**リスクを分散するようにしましょう。**

会社が非上場企業でこれから上場する予定であれば、自社株の購入を検討するのもよいでしょう。上場後に株価が上がる可能性が高いからです。しかし、この場合も自社株だけを買うようなことはせず、後で述べる投資信託にも投資しておくなど、リスクの分散をはかっておくことが大切です。

ポイント

自社株購入は、愛社精神ではなく、投資の対象として検討する。

鉄則
35

インデックスファンドを理解する

さて、ここまで長期投資の対象とすべき商品を整理してきました。

国債は安全であるが魅力に欠けること。投資信託の中でもアクティブファンドは運用管理手数料が高いこと。銀行などの窓口で投資信託を買おうとすると、とくに手数料の高いものばかりを勧められる可能性が高いこと。

個別株・ＦＸ・外貨預金などは、リスクが高くてばくちのようなものです。従業員持株会も自分の会社の株に投資するわけですから、個別株を買うのと同じことです。

このようなことが見えてきたと思います。

つまり、**長期の投資対象を選ぶ際に重視すべきなのは、次のような点**なのです。

・運用管理手数料が安いもの
・販売手数料が安い、もしくは無料のもの
・価格の振れ幅が小さく、長期で成長が見込めるもの

これらに当てはまるのが、これから説明する「インデックスファンド」です。

インデックスとは、日本語で指数という意味です。ここで言う指数とは、日経平均株価や東証株価指数（TOPIX《トピックス》）、ダウ平均株価といった株価指数、つまり株価の平均値のことです（株価の平均値には、単純平均、加重平均などの種類があります。ここでは細かくなってしまうため、詳細は省きます）。

アクティブファンドは、専門家（ファンドマネージャー）がいろいろな調査をして、上がりそうな株などを見つけて商品に組み込みます。ゆえに人件費がかかると説明しました。

インデックスファンドは、その逆だと思ってください。

指数（インデックス）の動きに連動することを目指して、株などの保有すべき銘柄を自動的に選んで商品に組み込みます。人が手間暇をかけていないので、**人件費がほとんどかかりません。ゆえに運用管理手数料が安いのです。**

このあとで説明するように、インデックスファンドは、「日本株式」や「先進国株式」などといった、さまざまな投資先を商品としています。つまり上記のようなインデックスファンドを買うということは、指数の対象になっている国の企業の株式を数百、数千社組み合わせて購入するのと同じことになります。ひとつの企業の株式を買うよりもリスクが分散されます（銘柄分散と言います）。

さらに**インターネットの証券会社では、販売手数料も安くすむか、もしくは販売手数料が無料で購入できるインデックスファンドの商品を多く取り扱っています**。これがインデックスファンドを投資対象にする理由です。

ここでは、インデックスファンドを組み合わせて投資する方法をご紹介します。ただしインデックスファンドと言っても、たくさんの商品があります。どれを選べばいいのか迷います。いくつかの商品と商品シリーズをご紹介します。どれも販売手数料と運用管理手数料の安い金融商品です。

・**ニッセイTOPIXインデックスファンド**（ニッセイアセットマネジメント：日本国内、とくに東証一部に上場している企業の株式を組み合わせたもの）

・**ニッセイ外国株式インデックスファンド**（ニッセイアセットマネジメント：日本を除く世界主要先進国の企業の株式を組み合わせたもの）

・**たわらノーロード**（アセットマネジメントＯｎｅ：日本国内株式、先進国株式に加えて、新興国株式などの商品分類があり、販売手数料無料）

・**SMTインデックスシリーズ**（三井住友トラスト・アセットマネジメント：日本国内株式、先進国株式、新興国株式などの商品分類がある）

・**eMAXIS《イーマクシス》 Slim《スリム》シリーズ**（三菱ＵＦＪ国際投信：日本国内株式、先進国株式、新興国株式などの商品分類があり、販売手数料無料）

投資信託運用会社各社のホームページに、それぞれのインデックスファンドの特徴が分かりやすく整理されていますので、ご参照ください。

本書では、この後、右記のシリーズにあるような、株式で構成されたインデックスファンドを組み合わせて投資し、リスクを低減させる考え方をご紹介していきます。しかし、中には「組み合わせはプロに任せたい」「組み合わせを考えるのは面倒だ」という方もいるでしょう。

そういう方に向いている投資商品のひとつとして、株式による投資信託のみに投資をするのではなく、**国内株式・海外株式・国内債券・海外債券といったように、いろいろなものをバランスよく組み合わせ、分散投資ができる投資信託**もあります。インデックスファンドよりも手数料は少し割高ですが、資産配分に変化があったときに元に戻す「リバランス」（P171で説明しています）を自動でしてくれます。

このような投資信託を**「バランス型のファンド」**と言います。ご参考のために、バランス型投資信託をご紹介します。

・**世界経済インデックスファンド**（三井住友トラスト・アセットマネジメント：日本

国内、先進国、新興国の株式・公社債をバランスよく集めたもの）

・**eMAXIS Slim バランス8資産均等型**（三菱UFJ国際投信：日本を含む世界各国の8資産、つまり株式や債券のほかに不動産投資信託（REIT《リート》）と呼ばれるものなどを集めたもの）

これらのバランス型ファンドについても、詳しい説明が投資信託運用会社のホームページにありますので、ご参照ください。

ただ本書では、鉄則39でも説明するように、貯金と投資の両方を組み合わせることで、20代の方が10年で1000万円をつくることを目標にしています。

若い読者の方にとって、投資と同時に貯金もする場合、リスクの低さという点で貯金とほぼ同様の位置づけである債券に投資をする必要性はあまり高くありません。債券に投資する分のお金は株式に投資する投資信託に集中させたほうが、利回りが高くなる可能性があります。

ゆえにここからは、**複数の株式インデックスファンドに投資する方法**を説明します。

実際に、株式に投資する投資信託を購入する際に、知っておいていただきたいことがあります。それは、**ひとつではなく複数の種類の投資信託を購入し、分散投資をする**ということです。これもリスクを低減させる方法のひとつです。

かつ、**投資する割合もすべての投資信託に対して一定にするのではなく、違いを持たせます。**

先ほど紹介した「eMAXIS Slimシリーズ」や「たわらノーロード」には、以下のようなインデックスファンドがあります。

①国内株式（TOPIX）
②先進国株式インデックス
③新興国株式インデックス

①は日本の会社の株式を組み合わせたものです。TOPIXといって、東証一部に

上場している、すべての会社の株式を対象にしています。日経平均株価という別の指数に連動したものもあります。これでも構いません。②はアメリカやイギリスといった先進国の会社の株式を対象にしたものです。③はブラジルや中国といった新興国の会社の株式を対象にしたものです。

大切なのは、①の国内株式、②の先進国株式、③の新興国株式を組み合わせて、投資する投資信託の種類（地域）を分散させることです。

もうひとつ重要なのは、①、②、③をどのような割合で買うのかということです。日本の株価が上下しても海外の株価が上下しても、平均して少しずつ利益を得られるように、分散して投資しましょう（なお株価の振れ幅は、日本国内が最も小さく、先進国、新興国の順番で大きくなっていきます）。

・基本形　①国内株式を30％、②先進国株式を70％

20代の方は運用に長い時間をかけることができるので、国内の株式と、先進国の株式を、３対７の割合で投資するのが、私は基本形としてよいと思います。

・応用形　①国内株式を30％、②先進国株式を50％、③新興国株式を20％

私が20代なら、このような応用形の配分で組み合わせるでしょう。先進国の株式よりも新興国のほうが、株価の振れ幅は大きいので、基本形よりも利益をねらうのなら、先進国向けの投資を新興国に少し振り分けてもよいと考えています。ただし、新興国の株価は上下しやすいので、全体のうちの２割を限度としておきます。

このように、基本形もしくは応用形の割合で、投資信託に分散して投資します。

仮に基本形で投資をしていくとします。時間が経《た》てば、株価の上下によって「30対70」の割合が徐々に崩れてくることがあります。

例えば「20対80」になったとしたら、一般的には①を少し大目に買い足して、②をおさえ、おおよそ「30対70」に戻します。こういう処理を、リバランスと言います。投資のうまいやり方として、リバランスをしたほうがよいと言われることがあります。

しかし私は、とくにリバランスは必要ないと考えています。私が本書で紹介している長期にわたる積み立て投資は、ステップ1で説明した通り、長い期間を経て平均化されていくものです。

一時期の価格の上下でバランスが変化したとしても、長い期間におおよそもとの割合に戻ることが考えられ、リバランスはとくに意識する必要はありません。

なお、**「eMAXIS Slimシリーズ」や「たわらノーロード」の国内株式、先進国株式、新興国株式のインデックスファンドは後で紹介する「つみたてNISA《ニーサ》」にも対応しています。**

さて、ステップ1で触れたように、**投資信託の期待できる利回りが5%である理由**をここで紹介しておきましょう。

世界の経済は、不況や金融恐慌などによって大きく落ち込むこともあります。近年で言えば、2008年に起きたリーマンショックは、みなさんもご存じでしょう。

このときは、約1か月半で日経平均株価が4割も下がりました。もう日本経済は終わりだと言う人もいて、大きな騒ぎになりました。

しかし、その後じわじわと復活し、今では株価も安定的に上昇しています。つまり短期的に見れば落ち込むこともある株価も、長い目で見れば少しずつ上昇していくものなのです。

1900年から2013年まで、113年間の株価の年平均上昇率を計算すると、日本の株式で4％、アメリカの株式で6％、全世界の株式で5％というデータがあります。

100年以上の長期で見た株の利益は、年に5％の利回りで増えているということです。つまり株価の平均値と連動してつくられているインデックスファンドを、世界に分散する形で購入・運用すれば、年に5％の利回りが期待できるということなのです。

ポイント

インデックスファンドに長期で積み立て投資をして、年に5％の利回りをめざす。これが最強のやり方。

鉄則

36

証券口座をのぞいてみる

ネット証券に口座ができました。

投資するインデックスファンドについても分かりました。

では、さっそく買ってみましょう。と言っても、**初めての人にとって投資とは、どこか不安がよぎるもの**です。

次のふたつのことを知っておくと、心理的なハードルが下がると思います。

・イヤならすぐに解約できること

・低額で買えること（SBI証券や楽天証券の場合、銘柄によりますが、多くの投資信託が100円から購入可能）

投資信託を一度始めたら、解約するのにいろいろな制約があって、ずっと続けなくてはならないようなイメージを持っている人もいるようです。

それはただのイメージです。イヤになったら、すぐに解約ができます。

また、投資とはいきなり何十万円、何百万円という大金をつぎ込むイメージがあります。それも単なるイメージです。

投資信託を少額から始めて、長期で少しずつ積み立てていくやり方が、ここ数年でずいぶんと広がってきました。

それを受けて、今では100円から投資できたり、ポイントで投資ができたりするものも出てきました。おつりで投資ができるアプリもあります。

まずはインデックスファンドを購入するための準備として、ネット証券の口座にログインをしてみましょう。

そして商品の検索窓でさまざまなインデックスファンドを見てみましょう。

TOPIX（東証株価指数）に連動することをめざしたインデックスファンドや、

先進国株式の指標（インデックス）に連動することをめざしたもの、新興国株式の指標に連動することをめざしたものなど、さまざまなものがありますね。

買わなくてもいいのです。商品の検索窓で、本書でご紹介した投資信託を含めていろいろな商品を探してみましょう。

実際の購入は、次の「鉄則37　つみたてＮＩＳＡを活用する」を読んでからで構いません。

読者のみなさんの中には、アマゾンや楽天といったサイトを使っている人は多いと思います。最初にこれらのサイトで買い物をしようとしたときのことを思い出してください。

いきなり高額の買い物をした人は少ないでしょう。多くの人は、最初はサイトの様子を見るだけだったのではないでしょうか。それと同様です。

ポイント

投資信託は、少額で始められ、すぐに解約もできる。まずは証券口座にログインして、商品を見てみよう。

鉄則

37

つみたてNISA《ニーサ》を活用する

ＮＩＳＡ（少額投資非課税制度）という、国がつくった制度があります。
２０１４年から始まっている**通常のＮＩＳＡと、2018年の1月から新たにスタートした「つみたてＮＩＳＡ」という、ふたつの種類があります。ともに「税の優遇措置」が受けられる投資の制度です**。

税の優遇処置とはどういうことかと言うと、鉄則30でも触れたように、通常、投資で20万円超の利益を得た場合、利益に対して20・３１５％（以下、「20％」と表記します）の税金を払わなくてはなりません。仮に１００万円の利益が出たら、そこから20万円の税金を払います。実際に手に入るのは、80万円です。

ところが、このＮＩＳＡという制度を活用して投資した場合、１００万円の利益が出ても非課税となるため税金を払う必要はなく、まるまる１００万円が手に入るのです（ただし、ＮＩＳＡ口座で譲渡損が出ても、他の口座の譲渡益や利子、配当と通算できないという面もあります）。

なぜこのような制度を、税金を取る立場の国がつくったのでしょうか。それは、現在の日本では、多くの人が貯金ばかりをしていて投資をしないからです。

安全な投資をすれば、将来の自分の資産が増えて有利になります。ところが、投資に対して怖いイメージがあるため、多くの人がなかなか貯金から離れようとしません。それならば、投資によって得られるお金に税金をかけないで、まるまる利益を得られるようにして、国民の意識を貯金から投資に向けさせようとしているのです。このような理由でＮＩＳＡという制度が始まりました。ただ、通常のＮＩＳＡは使い勝手が悪く、私はかつて出版した本で批判的に取り上げたことがあります（通常のＮＩＳＡについては金融庁のホームページなどでご確認ください）。

通常のＮ|ＳＡよりも、今後は「つみたてＮ|ＳＡ」が主流になると思いますので、ここからは、つみたてＮＩＳＡに関して説明をしていきます。

つみたてＮＩＳＡは、投資信託を購入する際に活用できるもので、１年間の投資金額の上限が40万円まで利用できます。

どういうことかと言うと、あなたが２０１８年の1年間に40万円の投資信託を購入して、それが将来１４０万円になったとします。40万円がもとの投資額で、１００万円が利益です。

通常であれば１００万円の利益に20％の税金がかかります。ところが、**つみたてＮＩＳＡの口座を利用して40万円までの投資額で生まれた利益は、それがいくらになろうと非課税**です。税金がかかりません。

また非課税が適用される期間は20年間です。

つまり、２０１８年に投資したものが順調に利益を生んでいった場合、２０３８年までであれば、いつそれを売却して利益を得ても、税金はかからないのです。同様に、２０１９年に投資したものは、２０３９年まで非課税です。２０２０年に投資したものは、２０４０年まで非課税です。

今のところ、２０３７年が最後の投資の年とされており、２０３７年に投資したものは、２０５７年まで非課税です。年間40万円×20年間ですから、合計で８００万円分までの投資金額の枠から生まれる利益が非課税となります。

この本は10年で１０００万円の資産をつくることを目標にしています。これから10年にわたってインデックスファンドに投資をして利益を増やすことを考えると、つみたてＮＩＳＡの口座で１年間に40万円まで目いっぱいの投資をして、増えた利益をそのまま受け取るのが最もお得となります。

もちろん、年間の投資金額の上限が40万円という意味ですから、それよりも少額の投資でもまったく構いません。

年間40万円を月額にすると、３万３０００円程度になります。

月額３万３０００円よりも多くの金額を投資する場合は、ｉＤｅＣｏ《イデコ》（個人型確定拠出年金、鉄則38でお伝えします）や、通常の証券口座でインデックスファンドを購入すればいいわけです。通常の口座で生まれた利益には20％の税金が課せられます。

通常の証券口座は、（鉄則30をやっていれば）すでにネット証券にあるわけですから、それが使えます。また、ネット証券のホームページから、つみたてＮＩＳＡの口座開設の手続きができます。

つみたてＮＩＳＡの口座ができたら、低い積み立て金額で投資信託の商品を買ってみましょう。

投資信託を購入するには、まず証券口座に入金する必要があります。ネット銀行にある貯金の中から、投資信託を購入するためのお金を、ネット証券に移動させます。この場合、すでに説明したようにネット銀行とネット証券が同系列であるとスムーズに手続きが進みます。

入金できたら、ネット証券の中にあるつみたてＮＩＳＡの口座を使って、投資信託を購入します。そのためには、まず、つみたてＮＩＳＡ口座に、購入する投資信託の商品名（銘柄）を設定します。次にそれをいくらで、どのような間隔、例えば毎日、毎週、毎月などで購入していくかを設定します。これらの手続きをすませたら、登録画面を確認して、購入します。
ネット証券のホームページに、つみたてNISAの口座で投資信託を購入する詳しい方法が出ていますので、ご参照ください。

なお、つみたてNISAの口座で買える投資信託の商品には制限があります。金融庁が「つみたてNISA適格ファンド」という認定を出した投資信託しか購入することができません。
この本でご紹介したインデックスファンドは、すべて「つみたてNISA適格ファンド」として認定されています。

次のような感じで、まずは月に1万円を分散して投資してはどうでしょうか。投資金額はもっと低くても構いません。

①国内株式（TOPIX）　：3000円／月
②先進国株式インデックス　：7000円／月

もしくは、こんな感じです。

①国内株式（TOPIX）　：3000円／月
②先進国株式インデックス　：5000円／月
③新興国株式インデックス　：2000円／月

最初は積み立て金額を低くして、投資に慣れましょう。そのうち、積み立て金額を増やしていけばよいと思います。

ポイント

つみたてNISAは、若い人が長期の積み立て投資でお金をつくる際の、絶好の受け皿。ぜひ活用しよう。

鉄則

38

iDeCo《イデコ》（個人型確定拠出年金）について学ぶ

つみたてNISAと並んで、もうひとつ知っておいていただきたい税の優遇制度があります。iDeCoです。正式名称を個人型確定拠出年金と言います。

年金（公的年金）は、会社員であれば誰でもほぼ自動的に入っています。iDeCoは、それとは別に自分でお金を積み立て、商品（投資信託や保険、定期預金など）を選んで、老後の年金用として長期にわたって運用するものです。つみたてNISAと同様に、**iDeCoも運用して得られた利益に税金がかかりません。さらにiDeCoのすごいところは、月々の掛金（拠出金）が所得控除の対象となることです。**

どういうことかと言うと、毎月の給料から企業年金に加入していない会社員の拠出上限金額である2万3000円をiDeCoに拠出した場合、その掛金が全額所得控除の対象になります。2万3000円×12か月で、年間27万6000円分の給与所得が所得税と住民税の対象から外れます。

これは、非常に大まかに言うと1年間で5万円程度の節税につながります（27万6

000円分の所得控除が受けられるので、住民税が10％で所得税が10％だとすると、税率の合計は20％。そうなると、27万6000円×20％＝5万5200円分が節税となります。詳しくは「iDeCoナビ」のホームページをご確認ください）。

また**iDeCoに積み立てたお金を老後に受け取るときにも、「公的年金等控除」などの所得控除が受けられます**。具体的には、一時金の場合は「退職所得控除」、年金として受け取る場合は「公的年金等控除」が受けられます。

つみたてNISAは、金融庁が認定した投資信託のみが投資の対象でした。

一方、iDeCoは投資信託だけでなく、保険や定期預金などの元本確保型の商品にお金を積み立てることもできます。

2017年1月から法律が変わり、一部の例外を除いて、ほとんどの会社員、公務員、主婦がiDeCoに加入できるようになりました。

一部の例外とは、60歳以上、海外に住んでいる、国民年金を払っていない、企業型確定拠出年金をしておりマッチング拠出をしているとか、規約で認められていない、などの場合です。

また、月々のｉＤｅＣｏへの掛金の上限は、その人が勤めている会社が加入する企業年金の種類により、１万２０００円・２万円・２万３０００円と変わります。

もしｉＤｅＣｏに興味があれば、自分はｉＤｅＣｏに加入できるのかどうか、できるとしたら月の掛金の上限はいくらなのかを、勤務先の総務部などに聞いてみるといいでしょう。ｉＤｅＣｏの紹介資料は、ネット証券のホームページから請求できます。

今後の投資の受け皿として、つみたてＮＩＳＡとあわせてｉＤｅＣｏも活用することを検討するとよいと思います。非課税の効果は、つみたてＮＩＳＡよりもｉＤｅＣｏのほうが大きいのです。

ただしiDeCoには、若い世代のみなさんにとって**いくつか使いづらい点があります**。まずiDeCoは年金（老後のたくわえ）用として拠出していくものですので、原則として**60歳になるまでお金を引き出すことができません**。その点、つみたてNISAはいつでもお金を引き出すことができます。

またiDeCoは、**いったん始めたら60歳まで原則としてやめることができません**。途中で解約することが原則としてできないのです。仮に毎月の投資金額を払うのが難しくなってきた場合、掛金を月額5000円まで下げることはできます。支払いが本当に難しい場合は、積み立て金額を0円にすることもできます。ただしその場合も、手数料は取られてしまいます。**つまり自由度が低いのです**。

一方、つみたてNISAは、お金が必要になったときにおろすことができますし、解約もいつでもできます。自由度が高いのです。

10年で1000万円の資産をつくることを目標にしていて、1000万円を何かに使う予定があれば、当面の運用の受け皿はつみたてNISAがよいと思います。10年後に大きなお金を使う具体的なプランがなく、1000万円の資産をつくること自体が目標であれば、つみたてNISAとiDeCoの両方でお金を積み立てていくのもいいと思います。

あなたの目標に応じて、つみたてNISAとiDeCoをどう使いこなすかを、検討するとよいでしょう。

ポイント

人生プランに応じて、つみたてNISAとiDeCoを使いこなそう。

鉄則
39

10年で1000万円つくる計画を立てる

「ショウ（消費）70％、ロウ（浪費）5％、トウ（投資）25％」が給料の使い方の、理想の割合だと説明しました。手取り20万円の月給だとして、この割合で分けると、消費14万円、浪費1万円、投資5万円になります。

この**「投資枠」を使って、10年で1000万円以上の財産を築くにはどうすればいいか。この点を、いろいろとシミュレーションしながら考えてみましょう。**

ただ最初に確認しておかなければならないことは、投資の内容にはふたつの種類があるということです。

ひとつは、英語を勉強したり、本を読んだり、見聞を広げるために旅行に行ったりすること。いわゆる「自己投資」です。

もうひとつは、貯金をしたり、投資信託を購入したりすること。これをここでは「金融投資」と呼んでおきましょう。

投資枠5万円の全部を金融投資にまわしてしまうと、自己投資へのお金がなくなっ

毎月4万円+ボーナス時20万円（×2回）の半額ずつを貯金と投資に振り分ける			
期間	3年	5年	10年
貯金・投資の合計（金融投資の合計）	264万円	440万円	880万円
金融投資の半分を5%で運用	274万円	469万円	1006万円

表5〈パターン1〉 税引き前の金額。千の位で四捨五入しています。貯金は普通預金の金利（0.001%）、複利（以下同じ）。

てしまいます。貯金や投資信託への積み立ては大切です。しかしながら、金融投資ばかりで、自己投資をまったくしないというのも、よいことではありません。

5万円の投資枠を、金融投資と自己投資にうまく配分しながら「投資枠」を有効に活用したいものです。私は「投資枠」のうち、2／5を「使う投資」として自己投資に、3／5を「将来に残す投資」として金融投資にあてていくとよいのではないかと考えています。状況により増減しても構いませんが、大まかな目安です。

この項のシミュレーションでは、毎月3万円から最大5万円を金融投資にまわし、1万円から2万円くらいを自己投資にまわすことを前提としています。

また、金融投資にまわす3万円から5万円の金額を、貯金と投資信託の購入に振り分けました。1000万円を貯

最初の5年間：毎月3万円+ボーナス時20万円（×2回）の半額ずつを貯金と投資に振り分ける 6年目以降　：毎月5万円+ボーナス時22万円（×2回）の半額ずつを貯金と投資に振り分ける			
期間	3年	5年	10年
貯金・投資の合計（金融投資の合計）	228万円	380万円	900万円
金融投資の半分を5%で運用	236万円	404万円	1018万円

表6〈パターン2〉

めるまでのイメージ（鉄則10）でも触れたように、金融投資にまわすお金の全額を、投資信託の購入にあててしまうのは現実的ではないためです。

なお、以降の各表に記載されている貯金額の利息は、税引き前の普通預金の金利を前提にしています。

〈パターン1〉

毎月4万円と、ボーナス時は20万円を年に2回にわたり捻出《ねんしゅつ》します。これを合計すると、年に88万円になります。この88万円の半分を貯金します。残り半分は投資信託を積み立て購入します。投資信託の購入に積み立てたお金は、利回り5%をめざして運用したとします。こうすると、表5のようになります。

これならば、10年で1000万円をめざせます。自営業の方などは毎月7万3000円捻出できれば、ほぼ同じ結果となります。

〈パターン2〉

手取り20万円のうち、毎月4万円を捻出するのが難しい場合です。働いて6年目にもなれば給料は上がり、手取りも25万円くらいになっていることでしょう。そのときになったら金融投資にまわすお金を増やし、手取り20万円のときは、捻出する金額をおさえます。このような考えのもと、パターン2を設定します。

最初の5年間は毎月3万円と、ボーナス時は20万円を年に2回にわたり捻出。これを合計すると、年に76万円になります。この76万円の半分を貯金し、残り半分で投資信託を積み立て購入します。

6年目からは、毎月5万円と、ボーナス時は22万円を年に2回にわたり捻出。これを合計すると、年に104万円になります。この104万円の半分を貯金し、半分を投資信託の購入にあてます。

こうすると、195ページの表6のようになります。

最初の5年間：毎月3万円+ボーナス時20万円(×2回)の6割を貯金、4割を投資に分ける 6年目以降　：毎月5万円+ボーナス時25万円(×2回)の6割を貯金、4割を投資に分ける			
期間	3年	5年	10年
貯金・投資の合計(金融投資の合計)	228万円	380万円	930万円
金融投資の4割を5%で運用	235万円	400万円	1026万円

表7〈パターン3〉

最初の5年を毎月3万円におさえても、10年で1000万円をめざせます。

〈パターン3〉

パターン2と同様に、最初の5年間は毎月の金額をおさえ、6年目から上げます。そして、あまり投資信託に積み立てる比率を高くしないで、貯金に重きを置きます。貯金を6割、投資信託を4割としましょう。

このような考えのもと、パターン3を設定します。

最初の5年間は毎月3万円、ボーナス時20万円を年に2回にわたり捻出。これを合計すると、年に76万円になります。この76万円の6割を貯金し、残り4割で投資信託を積み立て購入します。

6年目からは、毎月5万円と、投資信託への配分を減らした分を補うためにボーナス時の金額を上げて、ボーナス時25万円を年に２回にわたり捻出します。これを合計すると、年に１１０万円になります。この１１０万円の６割を貯金し、４割を投資信託の購入にあてます。

こうすると、１９７ページの表７のようになります。

投資信託に積み立てる比重をおさえても、１０００万円をめざせます。


〈パターン４〉

パターン１の変化球です。毎月の金額を４万５０００円とかなり高額にし、ボーナス時は20万円を年に２回にわたり捻出。これを合計すると、年に94万円になります。この94万円の６割を貯金し、４割を投資信託の購入にまわします。

こうすると、次ページの表８のようになります。

投資信託に振り分ける比重をおさえて、かつ、６年目から金額を上げなくても１０００万円をめざせます。

毎月4.5万円+ボーナス時20万円（2回）の6割を貯金し4割を投資に分ける			
期間	3年	5年	10年
貯金・投資の合計（金融投資の合計）	282万円	470万円	940万円
金融投資の4割を5%で運用	290万円	494万円	1048万円

表8〈パターン4〉

以上、4パターンの1000万円のつくり方を挙げてみました。もちろん、これ以外にもやり方はたくさんあります。

・毎月の金額をいくらにするか
・1回のボーナス時の金額をいくらにするか
・働いた年数に応じて金額を上げていくか
・投資信託に積み立てる比率を何割にするか

これらによって、10年で1000万円を貯める方法は何パターンも出てきます。

なお、投資信託の運用はすべて複利で計算しています。あなたの設定した毎月の金額を積み上げていった場合、複利ではどのように増えていくでしょうか。これを簡単にシミュレーションできるサイトがあります。
金融庁の資産運用シミュレーションのサイトです。「金融庁　資産運用シミュレーション」と検索すれば見つかります。また、証券会社のサイトにも同様のものがあります。

これらのサイトで、毎月の積み立て金額、期待利回り、期間などを入力すると、複利で利益がどのくらい増えるのかが、すぐに出てきます。とても便利なサイトですので、一度見てみることをお勧めします。

そして、このようなツールを活用しながら、**あなたオリジナルの「10年で1000万円をめざす方法」を、ぜひつくってみてください。自分でつくると、それを達成したくなります。**

これまでに、お金が貯められる人の共通点をいくつか挙げてきました。好奇心が強くてフットワークが軽い。いきなり大きなことをするのではなく、徐々に貯金体質になることをめざしている。目標を持って楽しみながら資産をつくっている。自分のお金の流れを常に把握している。長期戦で考えている。そういったことです。

自分だけの「10年で1000万円の資産をつくる方法」を考えることで、あなたの中にも、今挙げたような考え方が芽生えてくるはずです。家計ノートに表を書いて、中にいろいろな数値を入れてみてください。無理なプランは続きません。これから送る10年という月日を想像しながら、自分の人生を設計してみてください。表を何度も書くこと自体が、とても楽しい時間になると思います。

ポイント

自分で計画をつくってみるのが最も楽しいし、最も現実的な計画となる。

鉄則

40

お金にしばられない人生について考える

お金の貯め方や増やし方をアドバイスするのが、私の仕事です。しかし、ここでは**「あまり、お金に気を取られすぎないでください」**と述べたいと思います。

人生の中で、お金の優先順位がものすごく高い人がいます。お金を手に入れることが、最も価値の高いことだと思っているようです。そういう人を見ていると、残念ながら、あまり幸せそうに見えないことに気づきます。お金にばかりとらわれすぎて、その支配下に置かれているように見えます。大金持ちの人も幸せそうに見えません。**お金が原因で家庭不和になることも多い**ようです。

お金は大切です。お金がないとお金のことばかり考えるようになります。でも、お金があってもお金のことだけを考えている人がいます。

本書の目的は、若いビジネスパーソンに資産をつくってもらい、人生の選択肢を増やしてほしいというものです。お金は非常に大切なものですが、あくまでも手段です。**お金にしばられず、本当に好きなこと、大切なことにお金を使える人になってください。**

ポイント
お金は人生の選択肢を増やすためのもの。

おわりに

若者が10年で1000万円をつくる方法について述べてきましたが、いかがでしたでしょうか。できそうだと思った方、大変だと思った方、いらっしゃるかと思います。実際につくれる方も、そうではない方もいることでしょう。

ただ、ひとつ間違いがないこととしてお伝えしたいのは、貯蓄をしつつ、投資に目を向けていくと、お金の使い方が変わる、お金への意識が変わるということです。投資を少額でも始めて、毎日の相場の変化により自分が持っている投資商品の評価額が変わるのを見ると、多くの人は「もう少し投資をしたい」「投資できるお金を増やすために節約しよう」というように意識が変わります。そして、家計を見直し、支出の仕方を改めます。投資をきっかけにして、家計のやりくりまでも、よい方向に変わってくるということが非常に多く見られるのです。

ですから、貯蓄だけで堅実に資産をつくっていこうというのは間違いではないのですが、少額でもよいので投資を始めていただけたらと思います。お金に興味を持つことができ、株式や会社の業績など、社会をつくるもの全体に少しずつ興味が向かいます。自分の考え方や、物のとらえ方も深みを増してきます。そんな副産物を得ながら資産を形成していくことを、ぜひ体験してほしいと思っています。

今の若い方は堅実です。非常にまじめで、心配性です。投資は怖いという気持ちもとてもよく分かりますが、それではよい方向に変わるきっかけを失っていることにもなりかねません。

1000万円の資産をつくるということは大ごとかもしれません。ですが、貯蓄と運用で、それを現実にすることが可能になります。我慢をしすぎず、少しだけ生活を整えるだけでその仕組みができるのです。

給料が少ない、増えないなどという悩みを抱えがちな若者が、少しでも「自分にもできそう」と希望を持ち、自分の資産をより効率よくつくり上げていけるよう、励みにしていただければ幸いです。

横山光昭

・本書に掲載されている情報は2018年4月現在の情報です。その後変更されている可能性がありますので十分ご注意ください。

・本書に挙げた銀行、投資信託、保険、ふるさと納税等についての記述には、細心の注意を払っていますが、正確性や完全性について保証するものではありません。銀行や証券会社、保険会社、ふるさと納税の情報提供会社などに直接お問い合わせの上、ご利用ください。

・本書の記載は、情報提供を目的としたものであり、特定金融機関への勧誘や、特定商品の売買の推奨を目的としたものではありません。

・本書の情報によって何らかの損害を受けたとしても、著者、出版社、本書の制作に携わった関係者は責任を負いかねます。金融機関、金融商品の選択はあくまでもご自身の判断と責任で行ってください。

横山光昭（よこやま・みつあき）

家計再生コンサルタント。株式会社マイエフピー代表取締役。これまで1万人以上の赤字家計を再生させた実績を持つ庶民派ファイナンシャルプランナー。『年収200万円からの貯金生活宣言』（ディスカヴァー・トゥエンティワン）、『はじめての人のための3000円投資生活』（アスコム）、『貯められる人は、超シンプル』（大和書房）など、貯金、投資、家計再生などの著書の累計発行部数は274万部を超える。日本経済新聞電子版などでの連載など、多くのメディアで執筆活動を行っている。また、〝未来のおかね〟を学べるお店『mirai talk』の共同代表を務めている。ホームページ http://www.myfp.jp/

めざせ1000万円！ 20代からの貯金と投資の鉄則

2018年5月27日　初版第1刷発行

著者　横山光昭
発行人　清水芳郎
発行所　株式会社小学館

〒101-8001
東京都千代田区一ツ橋2-3-1
電話　編集　03（3230）5112
　　　販売　03（5281）3555

印刷　大日本印刷株式会社
製本　牧製本印刷株式会社

デザイン／福田万美子　DTP／昭和ブライト　図版／タナカデザイン
制作／太田真由美　宣伝／島田由紀　販売／高橋健司　大下英則
協力／関口ひろみ　渡辺杏里　宮城 享(以上、マイエフピー)　高島京子　山田夏奈
徳弘美織　校正／櫻井健司(コトノハ)　構成／大前俊一　編集／園田健也

ISBN 978-4-09-388602-4